Abrégé De La Vie Et Du Système De Gassendi

De Camburat

ABRÉGÉ

DE

LA VIE

DE

GASSENDI.

ABRÉGÉ

DE

LA VIE

ET

DU SYSTÉME

DE

GASSENDI.

Par M. de CAMBURAT.

Pectore parta ſuo, quæſitaque præmia liquit.
LUCRET......

A BOUILLON,
AUX DÉPENS DE LA SOCIÉTÉ TYPOGRAPHIQUE.

M. DCC. LXX.

AVANT-PROPOS.

LE nom de GASSENDI eſt aſſez connu de quiconque n'eſt pas abſolument
étranger dans la république des lettres ;
on ſait qu'il a été un des plus illuſtres
peres de la philoſophie moderne , & le
reſtaurateur de la phyſique corpuſculai-
re ; on n'a qu'à lire les écrits de ſon
tems , les preuves de ſon mérite & de ſon
ſavoir y ſont par-tout conſignées. Il
étoit en liaiſon ou en correſpondance littéraire avec les philoſophes les plus diſ-
tingués du ſiecle dernier ; on remarque
ſur-tout dans ce nombre Deſcartes, (malgré les nuages paſſagers que certaines diſ-
cuſſions jetterent pendant un tems ſur ſa
façon de penſer) Galilée, le P. Mer-
ſenne, Hobbes, le P. -Kirker, Gro-
tius , l'Abbé de Marolles , Roberval ,
Lamotte-le-Vayer , l'abbé de Launoi,
Hévélius, Bouillaud, Sorbiere, Ména-
ge, Guy-Patin, Borel, tous auteurs célebres contemporains de Gaſſendi. On doit

† iij

distinguer dans une classe particuliere
ses trois fameux disciples qui lui étoient
si attachés, Moliere entr'autres, qu'il
suffit de nommer, Chapelle & Bernier.
A tous ces noms illustres il faut joindre
ceux des personnes de la premiere qua-
lité, des princes, & des têtes couronnées
qui ont eu une estime particuliere pour
notre philosophe, comme Christine, Reine
de Suede, Louis de Valois, Duc d'An-
gouléme, le Prince de Condé, les Car-
dinaux d'Etrées, de Rèts, & de Riche-
lieu, frere du fameux Cardinal Ministre,
le Chancelier Séguier, &c.

Nous avons au P. Bourgeret, de
l'Oratoire, l'obligation de connoître
l'homme de bien dans Gassendi. Il
nous en a donné une histoire des plus
détaillées ; comme il se trouve beau-
coup de menus faits & de longues
digressions dans cette vie de Gassendi,
j'ai pris la liberté de l'élaguer entiére-
ment, & d'étendre ou de resserrer les
principaux événemens, suivant le degré
d'intérêt dont ils sont susceptibles, en
suivant toujours l'ordre des tems. J'ai

supprimé les inutilités ; je n'ai fait que glisser sur les anecdotes indifférentes, pour m'arrêter uniquement à celles dont on peut retirer de l'instruction ou de l'agrément : en un mot, je me suis attaché à donner l'histoire de ses pensées, plutôt que de sa personne. Dans cette vue j'ai joint au Récit abrégé de sa Vie, un extrait substantiel de son Systême. Quoi, dira-t-on encore, des systêmes dans un siecle ou tous les systêmes ont été si fort ressassés, qu'on s'en est totalement dégoûté ? Je conviens du fait ; néanmoins dans ce même siecle ou la satiété des systêmes est si commune, chacun se pique de philosopher tant bien que mal ; on sait la faveur dont jouissent les hypotheses ou, pour mieux dire les découvertes du grand Newton ; on trouve les germes du New-tonanisme dans Gassendi. » Newton, dit » M. de Voltaire, (1) suivoit les an-» ciennes opinions de Démocrite, d'E-» picure, & d'une foule de philosophes » rectifiés par notre célebre Gassendi.

(1) *Elémens de la philosophie de Newton*, pa M. de Voltaire.

iv

» Newton a dit plufieurs fois à des
» François qu'il regardoit Gaffendi
» comme un efprit très-jufte & très-
» fage, & qu'il faifoit gloire d'être
» entiérement de fon avis dans toutes
» les chofes dont on vient de parler :
» l'efpace, la durée, les atomes «.

Le fyftême de Gaffendi peut donc
être regardé comme un vrai préliminaire
de celui de Newton. On pénetre beaucoup mieux le fecond après la lecture
préparatoire du premier. C'eft ce qui
m'a engagé à développer le fonds, & à
parcourir les branches effentielles du fyftême de Gaffendi. Je ne prétends point
approfondir la matiere, ni donner un traité philofophique en forme de fes opinions ;
ce n'eft point pour les gens de l'art que
j'écris ; je croirois feulement avoir atteint
mon but, fi je pouvois être de quelqu'u-
tilité à ceux qui defirent de prendre quelque teinture de la philofophie moderne ;
& fi pour cet effet un extrait raifonné
de Gaffendi pouvoit leur fervir d'introduction à la phyfique Newtonienne, pour
peu qu'on foit initié dans cette philofo-

phie de Newton, on trouve un air de famille qui frappe entre les sentimens des Gaffendistes & ceux du philosophe Anglois. Qu'est-ce en effet que cette philosophie Angloise si fort en vogue aujourd'hui, sinon l'épicuréisme réformé? La gloire de cette réforme est due à Gaffendi; il a repris l'ancien édifice aux fondemens, il a changé la premiere pierre, & en conservant l'ancienne symmétrie & l'ordonnance premiere, il a bâti avec plus de solidité.

Les anciens Epicuriens suppofoient les atomes éternels, néceffaires. Gaffendi établit d'abord qu'ils font contingens, & par-là il se met à l'abri du reproche le plus grave qu'avoit encouru Epicure : ce dernier philosophe avoit attribué à ses atomes unis dans le vuide, une divergence contraire aux premieres loix de la méchanique; il falloit redreffer ce mouvement défectueux : Gaffendi a pourvu à tout en lui donnant une caufe fouverainement intelligente. Epicure attribuoit au hafard tout l'ordre & le mouvement de la nature : Gaffendi lui prouve, fans beau-

coup de peine, que l'univers n'est pas l'effet d'un coup de dez. Epicure faisoit con-
sister l'essence de l'ame humaine dans un
réseau d'atomes sujet à se dissoudre; au
lieu que Gassendi reconnoît l'ame immatérielle, & par conséquent indissoluble.
Voilà ce que notre philosophe a changé
dans l'ancienne doctrine : voici présente-
ment les points qu'il a conservés.

Epicure disoit : Le mouvement existe
donc il y a du vuide. Les especes sont
toujours réproduites les mêmes; donc
les premiers principes sont invariables,
& par conséquent il y a des atomes,
c'est-à-dire, des principes indivisibles.

Ces deux argumens sont très-con-
cluans aux yeux de Gassendi : il admet
donc le vuide & les atomes comme les
fondemens de sa philosophie. Il croit
qu'en effet il devroit y avoir, sans le
vuide, un obstacle universel au mouvement dans l'univers, & que sans les atomes il y auroit une confusion éternelle
dans les générations.

Notre philosophe reconnoît encore,
avec Epicure, que nos sensations sont

l'origine de toutes nos idées, à quelques modifications près, sur la maniere dont elles se forment dans l'entendement. Mais soutiendra-t-il que la volupté est le souverain bien, comme disoit Epicure ? Osera-t-il défendre cette proposition qui a suscité tant d'ennemis à l'ancien philosophe ?

Gassendi ne balance pas à soutenir que le souverain bien consiste dans le plaisir; mais dans quel sens ? Dans celui-même d'Epicure, lorsque celui-ci disoit : „La vertu & la félicité sont deux „ sœurs inséparables ". *S'il préche le plaisir, c'est donc le plaisir considéré en lui-même, & dans sa plus grande abstraction : la grande affaire est de ne point prendre le change sur l'objet. Alors la volupté sera à l'ame ce que la chaleur interne est au corps; tant qu'elle est maintenue dans son juste degré d'activité, cette chaleur fait le principe & le soutien de toute l'économie animale; mais si malheureusement elle sort de sa sphère, elle cause des ravages terribles, la fievre, l'inflammation & la mort.*

La reconnoiſſance exigeoit de Gaſſendi qu'il vengeât la mémoire d'un philoſophe dont il avoit emprunté tant de choſes ; l'intérêt de la vérité n'étoit pas moins preſſant pour lui. Il oſe donc ſe roidir contre les préjugés de ſes dévanciers & de ſes contemporains ; il défend l'innocence opprimée ; Epicure eſt blanchi & rétabli avec honneur dans le college des philoſophes ; les Stoïciens, ſes calomniateurs, ſont démaſqués & confondus ; on connoît que le fond de leur vertu, n'eſt qu'un orgueil rafiné qui cherche à outrer les dehors de toutes les vertus, & à éblouir, par beaucoup de ſingularités & de grimaces, le vulgaire, trop ſouvent dupe de ces ſurfaces impoſantes. Ces gens ſi auſteres, qui ſe ſeroient fait un ſcrupule de ſe plaindre, ſi on les eût frappés, ſe permettoient en même-tems, ſans aucuns remords, les ſarcaſmes & les invectives les plus ſanglantes & les plus injuſtes contre Epicure ; ce qui prouve bien que la calomnie eſt la ſœur du rigoriſme : les faits les mieux avérés ; les témoignages les plus receva-

bles, font les monumens qui fervent d
Gaffendi pour conftater la probité d'E-
picure. On nous avoit peint ce philofophe comme un homme plongé dans les
plaifirs des femmes & de la table : fes
mœurs font exactement l'oppofé de tous
ces excès. Sa continence eft reconnue fi
parfaite, qu'on lui reprochoit même un
defaut de tempérament ; & ce même homme qu'on a tant accufé d'intempérance ne
préchoit que la frugalité, & ne vivoit
que de légumes ; le plus fouvent de
pain & d'eau tout fimplement, tant fes
cenfeurs étoient conféquens.

. En livrant fa méthaphyfique aux juf-
tes anathémes dont on la foudroyée, Gaffendi a recueilli avec foin toutes les
maximes étrangeres à fes erreurs, fur-
tout ces belles fentences dont Séneque
a fait le texte de fes admirables épitres.
L'autorité de ce dernier doit d'autant
plus influer fur le jugement que nous
devons porter d'Epicure, qu'elle eft
fondée fur la plus étonnante impartia-
lité. Séneque, elevé dans une fecte enne-
mie née des Epicuriens, eut affez de

diſcernement pour démêler le mérite d'Epicure, & aſſez de courage, d'eſprit pour l'exalter : » (1) La morale d'Epicu-» re, dit-il, eſt exacte, pure, auſtere mê-» me, ſi on vient à l'examiner de près ".
Voilà comme s'exprime ce grand homme ; c'eſt un hommage de plus que nous devons à ſa mémoire, pour avoir ſçu donner au monde l'exemple ſi rare de ſacrifier les préjugés de parti aux droits de la vérité, & de rendre juſtice au mérite par-tout où il ſe trouve.

Tel eſt le plan des utiles réparations que Gaſſendi a faites au ſyſtéme d'Epicure. On ſent que quand Newton eſt venu enſuite achever & couronner l'édifice, il a dû être content des travaux de ſon prédéceſſeur, & qu'ainſi la gloire immortelle dont le philoſophe Anglois s'eſt couvert, doit réjaillir juſqu'à un certain point ſur les philoſophes Francois : l'Angleterre ne lui enviera pas ſans doute ces avantages ; l'expoſé que l'on vient de voir a fourni naturelle-

---

(2) Mea quidem iſta ſententia, & hoc noſtris invitis populari-bus dicam Sancta, Epicurum & recta præcipere, ac ſi propiùs. acceſſeris, triſtia..... Seneca, de Vitâ beatâ, lib. VI, cap. 12.

ment le fujet & la divifion de ce petit
ouvrage. J'ai pris la partie hiftorique
dans Sorbieres, le P. Bougerel, &
M. Savérien. J'ai parcouru rapidement
la vie de Gaffendi, & ne me fuis arrêté
que fur les faits les plus importans :
j'ai donné en même-temps une courte
notice de fes principaux ouvrages.

Pour tout ce qui eft relatif au fyftéme, j'ai puifé dans les fources mêmes,
je veux dire, dans les fix volumes in-
folio qui comprennent en latin toutes
les œuvres de Gaffendi ; le ftyle en eft
clair, énergique, quoique fouvent pro-
lixe, fuivant le goût du temps. J'ai eu
recours encore à l'Abrégé de la philofophie de Gaffendi, par Bernier le médecin ; ce favant difciple d'un fi grand
maître a fimplifié & éclairé en bien des
points fa doctrine ; mais fon abréviation
comprend encore fept volumes in-12. J'ai
tâché de la rendre auffi compendieufe
qu'il a été poffible, en la dépouillant de
tout ce qui eft étranger au fyftéme de
Gaffendi, proprement dit. J'ai donc laif-
fé à l'écart toutes les opinions qui lui

font communes avec les autres philoſophes, pour ne conſerver que celles qui lui
appartiennent en propre.

Comme Gaſſendi s'eſt d'abord attaché à réfuter ce qu'Epicure a dit ſur l'a-
me, j'ai commencé par cette partie qui
nous touche de ſi près. On a beau dire
que la métaphyſique eſt entiérement né-
buleuſe ſur ce point ; il eſt des queſtions
qui nous preſſent de prendre un parti,
& dont l'objet fait aſſez ſentir par lui-
même l'inconvénient de la neutralité.

Je parle enſuite du vuide & des atomes : ces queſtions paroiſſent indifférentes & ſuperflues à bien des perſonnes ;
mais on en jugera bien différemment ſi
on vient à conſidérer la liaiſon intime &
l'analogie qu'elles ont avec les découvertes de Newton : ces découvertes ôtent
pour ainſi dire, au ſyſtéme du vuide, tout
ce qu'il a de ſyſtématique. On trouvera
enfin une diſſertation ſommaire ſur la
volupté d'Epicure, & un extrait de ſes
maximes philoſophiques. Comme je
ne fais qu'effleurer ces matieres, je
me ſuis borné à rechercher la clarté &

la précifion, pour les mettre à portée de tout le monde, & les affortir au goût de notre fiecle qui accueille ces fortes d'ouvrages avec d'autant plus d'indulgence, qu'ils font moins volumineux.

Il ne me refte qu'un mot à dire pour prévenir certaines objections, dans tout ce que j'ai écrit touchant Epicure. J'ai fuivi pas à pas Gaffendi qui a fi bien épuré la doctrine de cet ancien ; je n'ai d'autre objet, ni d'autres motifs, que ceux du philofophe François ; fi j'ai employé quelques nouveaux raifonnemens, c'eft qu'ils m'ont paru néceffaires pour appuyer ou éclaircir les fiens; & je crois pouvoir me flatter de n'avoir avancé aucun principe qu'il n'eût luimême révendiqué.

Si j'avois befoin d'une autre fauvegarde auprès de ces ames moins inftruites que timorées pour qui le feul nom d'Epicure eft encore une efpece de blafphéme, je pourrois m'autorifer d'un paffage de St. Auguftin : ce Père dit en propres termes (1) » que de tous les phi-

(1) Epicurum acceptum fuiffe palmam in anime meo nifi

** ij

» lofophes de l'antiquité, ç'auroit été
» Epicure à qui ils auroient donné la
» palme, s'il avoit admis des peines &
» des récompenfes après la mort. «

(1) je pourrois alléguer encore l'autorité d'un académicien diflingué qui, fans s'arrêter au coloris trop févere, ou trop flatteur qu'on a employé au portrait d'Epicure, a cru avec raifon qu'en cela, comme en toutes chofes, la vérité pouvoit fe trouver dans un fage milieu. Voici comme s'exprime cet illuftre auteur que j'ai eu occafion de citer fouvent. J'ai fuivi le fage Gaffendi qu'on ne foupçonnera pas de m'avoir donné des impreffions contraires à la droiture ou à l'équité. Ce grand homme eft auffi admirable par fa candeur & fes vertus, que par fon érudition & fes connoiffances philofophiques ; pour moi je ne ferai que me conformer à l'exacte vérité, fi je dis que tout ce petit ouvrage lui appartient de droit. S'il a fait revivre une partie du fyftéme d'E-

ego credidiffem poft mortem reftare animæ vitam & tractus meritorum..... Auguftinus, confef..... lib. VI, cap. 16.
(1) Morale d'Epicure, par M. l'Abbé Batteux.

picure sur les atomes, il ne faut pas
qu'on s'y trompe, c'est Dieu qui les
a créés, qui les meut & qui en forme les
corps organisés. Il met le bonheur dans
la volupté, mais la volupté n'est qu'une
joie pure, préparée comme récompense à
l'observation des loix naturelles &au-
tres qu'il a plu à Dieu d'imposer aux
hommes.

C'est dans le même point de vue que
j'embrasse le parti d'Epicure, prêt à l'a-
bandonner quand il le faudra ; j'ai toujours été persuadé que le vrai sage sans
enthousiasme, & sans se laisser éblouir
par l'éclat des grands noms, ne reçoit
aucun système que sous bénéfice d'inven-
taire, si l'on peut s'exprimer ainsi, parce
que les intérêts de la vérité lui sont encore
plus chers que ceux des philosophes.
Amicus Plato, amicus Socrates , sed
magis amica veritas.

ABRÉGÉ

DE

LA VIE

DE

GASSENDI.

PIERRE GASSENDI, ou Gaffend, naquit au village de Chanterfier près de Digne en Provence, le vingt-deux Janvier mille cinq cent quatre-vingt-douze. Le développement du génie quelquefois tardif, quelquefois précoce, prévint l'éducation dans Gaffendi. Dès l'âge de quatre ans il déclamoit de petits fermons : à fa feptième année il paffoit fecrétement les nuits à contempler les aftres. De fi heureufes difpofitions engagerent fes parens à les cultiver ; le curé de Chanterfier fut chargé de donner la première teinture des lettres à notre jeune homme, qui s'y porta avec la plus grande activité ; il prenoit fur fon re-

A

pos pour étudier une partie de la nuit
à la lampe de l'église. Au bout de trois
ans il fit des progrès qui étonnerent
fon maître. L'évêque de Digne faifant
la vifite de fon diocèfe, notre écolier, qui n'avoit que dix ans, fe char-
gea de le haranguer, & il s'en ac-
quitta fi bien, que le prélat s'écria :
» Que cet enfant feroit un jour la
» merveille de fon fiècle, & qu'il cau-
» feroit de l'admiration aux fçavans,
» avant que d'être parvenu à un âge
,, mûr. La fuite du tems n'a point dé-
menti ces préfages qui font fouvent
trompeurs.

-. Quelque tems après Gaffendi fut
envoyé à Digne pour y faire fa rhétorique ; fes fuccès furent des plus
brillans : on ne l'appelloit plus que
le petit docteur. Il compofa pour fon
college de petites pièces de théatre ,
qui furent très-applaudies. Toutes ces
particularités prouvent que Gaffendi
mériteroit fa place dans l'hiftoire des
enfans célèbres.

Il paffa enfuite à l'étude de la philoſophie, dans laquelle il ne ſe diſtingua pas moins. Il dévoroit les difficultés les plus abſtraites. Ce n'eſt pas qu'il ſuivît à la lettre tous ſes cahiers; doué naturellement d'un ſens droit, il ne pouvoit goûter la philoſophie du tems; c'étoient des entités, des quiddités, des taléités & des eſſences hypothétiques; c'étoit un ramas de chimères péripatéticiennes: Gaſſendi pourtant les apprit, mais pour les combattre. Son profeſſeur lui marquoit tant de prédilection, qu'il le chargeoit de remplir ſa place, lorſqu'il ne pouvoit monter en chaire, ce qui lui arrivoit ſouvent, à cauſe de ſes infirmités, & le jeune Gaſſendi s'en acquittoit au grand contentement de tous ſes condiſciples.

Après avoir achevé le cours de ſes études, il retourna dans le ſein de ſa famille, qui n'eut pas la ſatisfaction de le poſſéder long-tems. La chaire de rhétorique de Digne ſe trouvant vacante, fut propoſée au concours. Gaſſendi, âgé ſeulement de

feize ans , fe mit fur les rangs , & l'em-
porta. Mais il ne la garda pas long-tems ;
fe difpofant à l'état eccléfiaftique, il
fe rendit à Aix pour faire un cours
de théologie, à laquelle il joignit l'é-
tude des langues grecque & hébraï-
que : fes progrès furent auffi rapides
que diftingués.

Il effaya enfuite de la prédication,
& fut univerfellement applaudi : fon
efprit s'étendoit à tout avec autant
de facilité que d'intelligence.

Sa réputation naiffante lui valut
d'abord la théologale de Forcalquier,
enfuite celle de Digne qu'il préféra à
l'autre. Pour mieux remplir cette dignité il fut prendre le bonnet de docteur à Avignon. De la théologale il
paffa à la prévôté de la cathédrale
de Digne.

Bientôt après les chaires de théologie & de philofophie de l'univerfité d'Aix vinrent à vaquer ; Gaffendi
fe préfenta au concours, & les em-
porta d'emblée ; on eût dit qu'il n'a-
voit qu'à fe montrer : il garda pour

lui la chaire de philosophie, & céda celle de théologie à son ancien professeur. On ne doit pas oublier que cette année il dicta son premier cours par cœur.

Alors il parut être dans son centre ; l'astronomie, sa passion favorite dès l'enfance, fut la partie à laquelle il s'adonna de préférence. Il est vrai, (car il ne faut pas taire les défauts des grands hommes) qu'il donna pendant un tems dans les visions de l'astrologie judiciaire. Science absurde qui a régné pendant tant de siècles, & qui a séduit des sçavans de la premiere classe.

On voit, par une lettre de Gassendi, combien il rougit dans la suite de ces erreurs qu'il a depuis si glorieusement réparées. On peut dire en effet que l'astrologie n'a pas eu de plus redoutable adversaire.

Il faisoit en même-tems une étude particuliere de l'anatomie, celle de toutes les sciences curieuses qui nous touche de plus près, puisqu'elle nous dévoile les fecrets de notre être.

Les talens fupérieurs que Gaffendi fit éclater dans les fonctions de fa chaire, lui acquirent l'eftime univer-felle. Il fe lia d'abord avec plufieurs perfonnages d'un efprit & d'un mérite, diftingués, tels que Nicolas Duperefc, confeiller au parlement d'Aix; Gautier, prieur de la Vallette; le P. Merfenne, grandmathématicien; Bouillaud, célebre aftronome, & Henri Dufaur de Pibrac, confeiller au parlement de Touloufe. Ce dernier lui écrivit une lettre remplie de proteftations d'amitié, & y joignit l'excellent livre de Charron *fur la fageffe*, dont il lui faifoit préfent.

Gaffendi, dans fa réponfe, fait l'éloge de ce livre. Il marque à Henri Dufaur qu'il le mettroit à côté d'Épicure, Cicéron, Sénèque, Plutarque, Horace, Lucien, Erafme, qui faifoient fa compagnie ordinaire : cette lettre prouve combien il fçavoit déja mettre de choix dans fes lectures.

Quelque tems après Gaffendi commença à faire fes obfervations aftro-

nomiques ; il marqua la diftance de
Jupiter à fes fatellites, & fit, fur une
comète qui parut en 1618, des conjectures que l'événement vérifia : ces
phénomenes céleftes étoient peu connus alors ; il eft vrai que Kepler,
Tico-Brahé & Hevilius en avoient
parlé ; mais leurs opinions ne s'accor-
doient pas avec l'expérience ; les uns
croyoient que c'étoient des méteores ;
les autres un excrément de l'air ; d'autres,
un figne du célefte courroux : ce dernier fentiment prévaloit. Enfin Newton, Huhgens & Hallei ont affervi pour
ainfi dire à leurs calculs ces aftres er-
rans ; l'on tient communément aujour-
d'hui que les comètes font des planetes femblables aux autres, & qu'elles
n'en diffèrent que par leur révolution
périodique autour du foleil qui eft beaucoup plus longue, ces corps décrivant
une parabole. Quant à la queue qui
termine les comètes, il eft apparent,
felon Newton, que ce n'eft autre chofe
qu'un amas de vapeurs fuligineufes qui
s'exhalent de ces corps, lorfqu'ils avoi-

finent le foleil; felon le même philofophe, ces vapeurs font deftinées à répa-
rer les fluides qui fe confument fans
ceffe dans les opérations de la nature ;
ainfi elles font en quelque façon la feve
de l'univers.

C'eft ce fentiment que M. de Voltaire a rendu dans ce vers.

Des mondes épuifés ranimez la vieilleffe.

Gaffendi donna en 1622 la démif-
fion de fa chaire, par le confeil, dit-
on, de fes amis; un peu avant fa retraite, il fit foutenir des thefes pour
& contre Ariftote, & répondit en grec
& en hébreu aux argumens qu'on lui
fit dans ces deux langues. Ce fut ainfi
qu'il commença à déclarer la guerre
à l'Ariftotélifme, lui réfervant de plus
grandes hoftilités dans un tems plus
opportun.

Le chapitre de Digne fe trouvant
engagé dans un procès de conféquence, députa Gaffendi à Grenoble pour
foutenir fes droits. Celui-ci fe rendit,
quoiqu'avec beaucoup de répugnance,
aux inftances de fes confreres. A fon

arrivée à Grenoble, il fut accueilli avec toutes les diftinctions dues à fon mérite. Il eut la fatisfaction d'y trouver fon ami Valois, tréforier de France de cette ville : c'étoit un amateur de l'aftrologie, mais imbu des chimeres des aftrologues : Gaffendi lui rendit le fervice de le détromper par un innocent ftratageme.

Ce fut à Grenoble qu'il donna la derniere main à fon ouvrage contre les Péripatéticiens; il le publia fous ce titre: *Exercitationes paradoxicæ adverfus Ariftotelos in quibus fundamenta dialecticæ & doctrinæ ejus excutiuntur.* C'eft-à-dire : *Exercitations paradoxales contre la philofophie d'Ariftote, où l'on renverfe les fondemens de fa dialectique & de fa doctrine.* Pour fe former une idée de cet ouvrage, il faut fe rappeller le regne tyrannique qu'a exercé la philofophie d'Ariftote pendant tant de fiecles. Après que les Vandales & les Gohts eurent porté en Italie leur domination & leur ignorance, l'Europe demeura plongée dans la barbarie : cependant les Arabes cultivoient les arts; les Sarrasins s'attacherent principalement à Aristote; Averroës & Avicene firent une étude profonde de cet ancien philosophe, ils le commenterent l'un & l'autre, & en voulant le corriger, ils renchérirent sur ses erreurs.

Les arts passerent de l'Arabie à Constantinople; après le siege de cette ville, ils refluerent vers Rome leur ancienne patrie. Alors commença la grande vogue des écrits d'Aristote; ils eurent cependant un sort long-tems inégal, (1) car ses partisans furent tantôt canonisés, tantôt excommuniés; à la fin la philosophie péripatéticienne prit le dessus.

Les scholastiques se prévalurent longtems des idées inintelligibles & de l'obscurité illusoire des définitions qu'on trouve dans cette philosophie, qui semble née pour embrouiller les no-

___

(1) Voyez sur cet article l'excellent ouvrage de l'abbé de Launoi, docteur de Sorbone, publié le siecle dernier sous ce titre : *De variâ Aristotelis fortunâ.* Voyez aussi l'*histoire critique de la philosophie*, par M. Deslandes.

tions les plus claires. On ne juroit que par Ariſtote; on n'expliquoit rien que ſelon ſes principes; on demandoit aux Péripatéticiens ce que c'eſt que la matière : *C'eſt,* diſoient-ils, *ce qui n'eſt ni qui, ni quoi, ni par qui l'être eſt déterminé pour être tel.* Ils expliquoient clairement la nature de l'ame, en diſant *qu'elle eſt un entélechie*; pour la lumière, *c'eſt l'acte du tranſparent en tant que tranſparent.*

Ces abſurdités néanmoins s'étoient accréditées au point qu'on ne pouvoit les combattre ſans encourir le reproche d'athéiſme. Cependant le chancelier Bacon, en Angleterre , & Ramus, en France, avoient déja porté des coups mortels à cette ſecte, qui accablée enſuite des traits de Deſcartes & de Gaſſendi, alloit chaque jour en déclinant. Ce fut enfin en 1674 qu'elle rendit le dernier ſoupir , & voici de quelle manière.

(1) L'univerſité de Paris avoit dreſſé

(1) *Mémoires ſur la vie de Racine & de Boileau,* par feu M. Racine le fils.

un projet de requête pour demander
au parlement la condamnation de la
philofophie de Defcartes. M. de Lamoignon, premier préfident, difoit qu'on
ne pourroit s'empêcher de rendre un
arrêt conforme à cette requête. Boileau préfent à cette converfation, ima-
gina l'arrêt burlefque qu'il compofa lui,
Racine & Bernier leur ami commun.
Dongeois, neveu de Boileau, y mit le
ftyle de palais. L'arrêt en cet état fut
porté à figner à M. le premier préfident. A peine M. de Lamoignon eut-
il jetté les yeux deffus : » A d'autres,
» s'écria-t-il, voilà un tour de Def-
» preaux. Cet arrêt burlefque eut un
fuccès que n'auroit peut-être pas eu
une piece férieufe ; il fauva l'honneur
des philofophes & des magiftrats , &
fit perdre à l'univerfité l'envie de pré-
fenter fa requête. C'eft ainfi que le
légiflateur du Parnaffe a bien mérité
du Licée.

Notre auteur, dans le corps de fon
ouvrage, fait voir combien l'Ariftotélifme a donné le change aux anciens

philosophes qui prenoient pour des opinions sûres de vaines subtilités. Il prouve ensuite que parmi les préten- dus ouvrages d'Aristote, il y en a plusieurs de supposés, & beaucoup de passages tronqués, altérés & ajoutés par ses disciples, ses traducteurs & ses scholiastes. Il expose encore les incon- véniens que cette philosophie a occa- sionné à la recherche de la vérité, par la différence aveugle dont les Péripatéti- ciens faisoient profession pour tout ce qu'avoit dit Aristote. Gassendi montre enfin combien de choses erronées, su- perflues & condradictoires font renfer- mées dans la logique & la méthode d'Aristote ; il fait main-basse sur ses cathégories, ses principes métaphysi- ques : après cette réfutation, il fait une sortie assez vive sur ses mœurs. Ce qu'il y a de singulier, c'est qu'il rapporte sur la foi de Philopanus, qu'Aristote (1) étoit inspiré du diable, & qu'il avoit composé ses œuvres philosophi- ques à la suggestion d'une Pythonisse,

(1) *Exercitatio secunda adversus Aristot.....*

laquelle étoit en commerce avec le démon; mais Gaſſendi ne donne cette anecdote que pour ce qu'elle vaut.

En rejettant la doctrine d'Ariſtote, ce ſeroit une grande injuſtice que de lui refuſer le juſte tribut d'éloges qu'il mérite. Le précepteur d'Alexandre-le-Grand eſt au rang des plus grands génies. Sa rhétorique & ſa poétique ſont regardées comme des chefs-d'œuvre; s'il s'eſt trompé en phyſique, il a cela de commun avec tous les philoſophes qui ont voulu exploiter cette mine ſans avoir les inſtrumens néceſſaires.

Après la publication de cet ouvrage, Gaſſendi fit un voyage à Paris; il y fit comoiſſance avec François Luillier, maître des comptes & conſeiller au parlement de Metz, homme de goût, & qui aimoit les gens de lettres. Ce magiſtrat le logea chez lui, & depuis cette époque ils furent étroitement liés

Gaſſendi ne fit pas un long ſéjour à Paris; de retour à Grenoble, ily trouva

Déodati, conseiller de la république de Geneve. C'étoit un intime ami de l'illustre Galilée, que l'astronomie regarde comme son restaurateur & son maître. Gassendi n'eut rien de plus pressé que de se procurer la connoissance de ce grand homme, sur tout ce que lui en dit Déodati. Il lui écrivoit en même-tems que ce dernier : il lui marque dans sa lettre : » La vénération qu'il a » pour son mérite, & la conformité de sa » façon de penser avec la sienne sur le » mouvement de la terre. Je vous suis » inférieur, ajoute-t-il, en science, en » esprit, en vertu, & je n'ai pas l'avan- » tage d'être connu de vous, néan- » moins j'ose vous présenter mes res- » pects, & vous prier en même-tems » de m'accorder un peu de part dans » la bienveillance dont vous honorez » les gens de bien qui cultivent les » lettres. «

Après avoir terminé ses affaires à Grenoble, notre philosophe entreprit, avec son ami Luillier, le voyage de la Hollande, qu'ils avoient projetté enfemble à Paris. Ils ne manquoient pas d'obferver tous les phénomenes , & de rendre vifite à tous les favants qui fe trouvoient fur leur route.

En paffant à Bruxelles, Gaffendi fit connoiffance avec le celèbre médecin Vanhelmont. Ils eurent enfemble plu-fieurs conférences qui donnerent lieu à la differtation fuivante. » Eft-il plus » naturel à l'homme de fe nourrir de » viande que de fruit ? Le médecin » prétendoit que l'homme étoit defti-» né à fe nourrir de viande: notre phi-» lofophe foutenoit l'opinion contraire; » il tiroit fes preuves de la conformité » de nos dents avec celles des animaux. » Les animaux qui fe nourriffent d'her-» bes ont les dents plates, comme le » bœuf, le mouton & le cheval. Ceux au » contraire qui fe nourriffent de vian-» de, les ont pointues, comme le lion » le loup, le chien & le chat : or, les » dents de l'homme font précifément » comme celles des animaux frugivores. » Parmi ces dents on en compte vingt » qu'on nomme molaires, huit incifives
&

» & quatre canines ; il n'eſt pas donc
» vraiſemblable que la nature ait ran-
» gé l'homme dans la claſſe des ani-
» maux carnaciers. Dans l'état de pure
» nature, l'homme fut placé dans un
» jardin de délices ; Dieu lui donna
» l'ordre de ſe nourrir de tous les fruits
» qu'il trouveroit, preuve certaine que
» c'étoit ſa nourriture primitive. Pré-
» ſentez à un enfant du fruit & de la
» viande, il choiſira l'un & laiſſera l'au-
» tre. «

» Auſſi les premiers hommes qui ne
» ſubſiſtoient que de végétaux, jouiſ-
» ſoient d'une ſanté plus robuſte que
» nous, & pouſſoient leur carriere plus
» loin. La chair par elle-même eſt diffi-
» cile à digérer ; elle ſurcharge l'eſto-
» mac, offuſque l'eſprit, & engendre la
» corruption. Les fruits, au contraire,
» ſont des alimens légers qui ſe digerent
» facilement, & qui forment un chile pur
» & ſuffiſant pour notre nourriture. «

Gaſſendi s'arrêta quelque tems à la
Haye : il y compoſa ſon livre des parélies qu'il adreſſa à Reneri. Ce ſont des

B

conjectures fur quatre faux foleils qui
furent apperçus à Rome en 1629. Gaffendi, preffé de fon fentiment, commence par déclarer qu'il ne donne pas
fa conjecture comme certaine, mais
qu'il embraffe la plus probable opinion.
» Dieu feul, dit-il, connoît le fond des
» chofes; les hommes n'en voient que
» la fuperficie; ils ne font, à propre-
» ment parler, que les hiftoriens, &
» non les confidents de la nature : les
» phyficiens s'appliquent à connoître
» les productions, & jouiffent d'une
» confidération bien méritée; mais de
» croire qu'il y en ait eu d'affez privi-
» légiés dans le fanctuaire de la nature
» pour y voir à découvert fes fecrets
» & les caufes premieres, c'eft ce que
» je ne faurois me perfuader. Le plus
» petit infecte, le moindre des végé-
» taux m'arrête tout court, quand je
» le confidere avec attention : fi je ne
» fais que balbutier quand je veux ex-
» pliquer les chofes qui font fi fimples,
» que fera-ce donc lorfque j'entrepren-
» drai de rendre raifon de celles qui
» font fi relevées ? «

Après un début aussi modeste, notre auteur entre en matière ; il marque d'abord la figure & la position respective des quatre faux soleils ; il fait voir que ces prodiges ne sont que des apparences qui dépendent du point de vue sous lequel ils sont apperçus; il attribue la formation des parélies ainsi que des iris, & des cercles lumineux qui les accompagnent, à la réfraction des rayons du soleil produite par un amas de vapeurs raréfiées, lesquelles forment des nuées disposées d'une certaine maniere propre à cet effet : la réfrangibilité est la seule cause de ce phénomene : il s'attache ensuite à détruire les faux préjugés du peuple, qui regardoit les parélies comme les présages certains de quelques malheurs. Il cite les observations d'Aristote & de Pline, & la prédiction de Cardan, qui prétendit que trois soleils fantastiques qui parurent de son tems, présagerent un Triumvirat nouveau. Notre auteur fait sentir le faux & le ridicule de ces pronostics : » Si l'on a vu des événemens

» finiſtres après ces phénomènes, dit-il,
» il ne faut pas croire qu'ils en aient été
» une ſuite ; ces événemens auroient
» eu lieu ſans parélies, & les parélies
» auroient paru ſans ces événemens.
» Si nous devons être heureux ou mal-
» heureux, nous le ſerons également
» ſans parélies & ſans cometes, com-
» me avec des cometes & des paré-
» lies. «

On trouve dans cet écrit une défini-
tion toute Newtonienne de la lumiere :
on y lit que la lumiere eſt un feu ra-
réfiée, & le feu une lumiere condenſée.

Gaſſendi quitta enfin la Hollande ,
emportant avec lui l'eſtime de tous les
ſavans du pays. Il fixa ſon ſéjour pendant un tems à Paris ; il y mit à profit
les reſſources de la capitale pour y cultiver à loiſir les ſciences & ſur-tout
l'aſtronomie.

L'année 1631 fixa l'attention des
philoſophes à l'occaſion du paſſage de
Mercure ſur le ſoleil qui avoit été prédit par Képler. Gaſſendi, de concert
avec ſon illuſtre amiLamotte-le-Vayer,

obferva fur le difque du foleil l'entrée
& la fortie de Mercure, & fit part au
public de fes remarques. Quoiqu'il fût
déja connu avantageufement par d'autres productions parmis les aftronomes, celle-ci ne laiffa pas que d'aug-
menter beaucoup fa réputation, au
point que le favant Bouillaud lui fit
la dédicace d'un de fes ouvrages.

L'année d'après, il obferva la con-
jonction de Mercure & de Vénus,
& les taches du foleil. Il faifoit hommage de fes travaux à Képler, que les
aftronomes ont toujours regardé comme leur légiftateur.

Gaffendi en même-tems étoit rempli d'un autre projet qui l'occupoit
beaucoup, c'étoit fon grand ouvrage
fur Epicure. Il fe donna beaucoup de
peines pour raffembler tous les maté-
riaux néceffaires; il commença par tra-
duire le dixieme livre de Diogene de
Laërce: c'eft à ce fameux écrivain que
nous devons tout ce que nous favons
d'Epicure. Gaffendi eut beaucoup de
difficultés à vaincre pour pénétrer le

fens de cet auteur, & fuppléer aux la-
cunes qui s'y trouvent. Il fallut enfuite
parcourir les anciens auteurs, conférer
leurs textes, éclaircir leur fens, rédiger
leurs remarques fur Epicure, en un
mot, il ne négligea rien de ce qui pouvoit donner à l'exécution de fon plan
toute la perfection dont elle étoit fufceptible.

Dans le fort de tous fes travaux, il
reçut une lettre de Réneri, qu'il avoit
particuliérement connu en Hollande :
ce favant fe trouvant chargé de l'éducation de trois jeunes gens, confultoit
Gaffendi fur la meilleure méthode de
les élever. Falloit-il d'abord appliquer
les enfans à la compofition, ou bien à la
lecture & à la traduction : tel étoit
l'objet de la lettre de Réneri.

» Je penfe, répondit Gaffendi, qu'il
» faut d'abord appliquer les enfans à la
» traduction; c'eft en s'appropriant les
» phrafes & les tours des bons auteurs,
» qu'ils pourront acquérir des idées &
» fe former un ftyle. Les enfans aiment
» naturellement l'hiftoire, il faut donc

» leur mettre entre les mians les hiſto-
» riens les plus à leur portée ; comme
» l'enfance eſt le tems où la mémoire eſt
» la plus heureuſe, l'eſprit n'étant point
» alors agité des ſoucis qu'amene un âge
» plus mûr, il faut cultiver avec ſoin
» cette faculté de l'ame qui ſert non-ſeu-
» lement à former le jugement, mais en-
» core à orner l'eſprit, C'eſt principa-
» lement dans ce premier effet que
» conſiſte l'utilité de la mémoire, plu-
» tôt que dans un vain étalage de ce
» qu'on a appris par cœur. Après ces
» préparations, il ſera bon de faire com-
» pōſer les enfans, afin de leur mieux
» inculquer ce qu'ils auront appris; l'ex-
» périence prouvant qu'on ne retient
» jamais mieux les choſes que quand
» on les met par écrit. «

C'eſt dans cette même lettre que
Gaſſendi remarque que » la philoſo-
» phie qu'on enſeigne communément
» dans les écoles, n'eſt qu'une philoſo-
» phie de théatre qui ne conſiſte que
» dans une vaine oſtentation ; la vraie
» philoſophie ſe réfugie ſous le ſimple

» toit de quelques particuliers qui la
» cultivent à l'ombre du filence & du
» repos.

C'étoit de cette maniere que notre
philofophe la cultivoit ; mais fon mérite ne pouvoit être enfeveli dans l'ombre du filence, fa réputation, qui alloit
chaque jour en augmentant, lui atti-
roit par-tout l'accueil le plus favorable ;
ce fut alors qu'il forma ces éleves qui
lui ont fait un honneur infini, tels que
Bernier, Molieres, Chapelle & Ba-
chaumont. Chapelle étoit un des plus
aimables efprits de fon tems. Séneque
difoit que la morale d'Epicure portoit
à la frugalité & à la tempérance : l'é-
picurifme de Chapelle n'étoit pas tout-
à-fait dans cette cathégorie. Comme il
étoit recherché dans les meilleures ta-
bles, il avoit coutume de s'enivrer
tous les foirs ; dans fes momens d'ivreffe
il entroit dans l'enthoufiafme, & faifoit
le commentaire du fyftême de Gaffendi
fon maître, & quand les convives s'é-
toient-levés de table, il continuoit le
verre à la main d'expliquer le fyftême
au

au maître d'hôtel & aux laquais.

Cependant les affaires de Gaffendi le rappellerent à Grenoble : on ne doit point omettre, comme d'autres faits peu intéreffans, une anecdote qui fait honneur à fon caractere. Il eut pour compagnon de voyage un conseiller au grand confeil nommé Maridat ; ils logèrent & mangerent ensemble pendant toute la route. A Grenoble ils furent loger dans la même auberge : un jour Maridat rencontrant un de fes amis dans la rue, lui demande où eft-ce qu'il porte fes pas ? Celui-ci répond qu'il va rendre vifite à un célebre philofophe nommé Gaffendi : Maridat lui demande la permiffion de l'accompagner, ne voulant pas laiffer échapper l'occafion de faire connoiffance avec cet homme fameux. L'ami y confent, & conduit le confeiller à l'auberge même où celui-ci logeoit, & à l'appartement du prévôt de Digne. Maridat qui ne l'auroit jamais foupçonné d'être Gaffendi, ne pouvoit revenir de fon étonnement, ni affez admirer

C

cette modeftie qui eft la compagne ordinaire du vrai favoir.

Apeine le philofophe de Provence fut-il de retour dans fa patrie, qu'il fongea à acquitter la promeffe qu'il avoit faite au P. Merfenne de répondre au livre que Robert Flud avoit écrit contre lui. Il faut favoir que ce Robert Flud étoit un gentilhomme Anglois qui donnoit dans l'alchymie, la magie, l'aftrologie, la cabale, & la cacodœmonie ; il s'étoit affocié avec les freres de la Rofe-croix qui s'occupoient de ces fciences occultes. Flud expliquoit en faveur de cette confrairie les allégories de la bible, dans lefquelles il trouvoit à chaque pas les myftères de la cabale. Flud avoit renouvellé auffi le fyftême des anciens philofophes fur l'ame du monde ; il s'étoit attaché fur-tout à faire revivre l'opinion de Zaréta, philofophe Chaldéen, qui prétendoit que la lumiere & les ténebres font le principe de toutes chofes. Voici cómment l'Anglois développoit ce fentiment.

» La lumiere & les ténebres font les

» deux principes des chofes, tous deux
» incréés, l'un actif & l'autre paffif : ces
» deux principes ne font réellement
» diftingués l'un de l'autre qu'entant
» qu'un même objet eft vu fous deux af-
» pects différens ; mais ils n'ont jamais
» été féparés, à proprement parler. De
» leur mêlange réfulte l'unité radicale
» dont chaque être tire fon origine ; la
„ lumiere pénetre la maffe générale
„ dont elle anime les différentes par-
„ ties par fon action vivifiante, les té-
„ nebres font cette maffe, ce principe
„ paffif qui fe prête à tout ; on peut
„ les confidérer en eux-mêmes & fans
„ aucune relation aux objets actuelle-
„ ment exiftans : en un mot, ces deux
principes ne font qu'une même caufe
confidérée fous deux faces. Si Robert
Flud parloit d'un tems qui eût précédé
la création, c'étoit, felon lui, un tems
imaginaire que l'efprit fe repréfente par
abftraction, à peu près dans le même
fens que les univerfaux de l'école.

Le P. Merfenne, dans fon ouvrage
fur la genefe avoit attaqué Flud fans au-

cun ménagement : celui-ci avoit répondu fur le même ton. Le Minime,
détourné par d'autres occupations, ou
fe défiant peut-être de fes forces, avoit
prié Gaffendi de fe joindre à lui pour
repouffer les traits de fon adverfaire ;
le defir d'obliger fon ami mit la plume à
la main à notre philofophe, qui compofa
un examen du fyftême de Flud, & l'en-
voya enfuite au P. Merfenne. Dans la
lettre qu'il écrit à ce religieux, il lui
reproche les invectives qui lui font
échappées contre fon adverfaire ; il
blâme hautement l'amertume du zele
théologique plus fouvent enclin aux
injures qu'aux raifons. ,, Penfez-vous,
,, dit-il, qu'un favant qui fe pique
,, d'être chrétien, puiffe fupporter pa-
,, tiemment des critiques qui attaquent
,, fa religion & fa doctrine ? Votre ad-
,, verfaire eft un homme à qui fon
,, érudiction & fes ouvrages ont ac-
,, quis beaucoup de célébrité. Il eft
,, plein de fagacité & de rufes, & on
,, ne peut lui faire abandonner fon
,, pofte, qu'il ne trouve le fecret d'y

,, rentrer bientôt par une autre voie.

Cependant Gaffendi trouva le moyen de l'en débufquer; il fit fentir les dangers du fyftême de l'ame du monde qu'il appelloit un athéifme pire que l'athéifme même. Quant aux vifions & aux chimeres des confréres de la Rofe-croix, Gaffendi fe contenta de les expofer au grand jour: dévoiler ainfi de pareils fyftêmes, c'étoit les réfuter. Il avoit, comme remarque Sorbieres, à cette occafion, un talent merveilleux pour démêler les fophifmes, pour en faire les ridicules, & pour les expofer enfuite avec une ironie piquante.

Cependant le livre que Gaffendi avoit publié contre Ariftote excitoit de plus en plus des rumeurs. Cet ouvrage lui avoit fait beaucoup de partifans, mais beaucoup plus d'ennemis: on le traita de téméraire & d'impie comme fi, dit Bernier, la confervation (1) de la religion eût été attachée à la doctrine d'Ariftote. Notre philofophe

_____

(1) Bernier, *Abrégé de la philofophie de Gaffendi,* préface.

n'oppofa que la modération & le filence
à ces perfécutions, il crut même devoir
fupprimer la fuite de fon ouvrage contre les Péripatéticiens, par un certain
ménagement qu'il avoit encore pour
cette fecte abfurde, mais accréditée.

Apeine Gaffendi eut quitté Paris,
on s'apperçut du vuide que fon abfence laiffoit parmi les favants. Un homme du premier rang qu'on ne nomme
pas, (on préfume pourtant que c'eft le
chancelier Seguier,) lui avoit offert
fon hôtel, fa table, & une penfion an-
nuelle de mille écus. Gaffendi donna
en cette occafion des marques géné-
reufes de cet amour de l'indépendance
qui fait la pierre de touche du philofophe. Il remercia celui qui vouloit
être fon bienfaiteur; les grands, d'ailleurs ne lui en impofoient en aucune
maniere; il les regardoit comme des
hommes fort ordinaires, qui avec toutes leurs vaines richeffes ne font pas
en état d'acheter l'impayable liberté du
philofophe.

Ce fut auffi dans les mêmes circonf-

tances qu'il fe trouva engagé, fans le
favoir, dans une intrigue qu'il n'avoit
pas recherchée. Pour reprendre les chofes de plus haut, il faut favoir que Gaffendi étoit lié avec Louis de Valois,
comte d'Alais, petit-fils du côté gauche,
du roi Charles IX, & connu depuis fous
le nom de duc d'Angoulême. Ce prince, amateur des lettres & grand litté-
rateur lui-même, avoit conçu la plus
grande affection pour Gaffendi, avec
lequel il entretint toute fa vie un
commerce de lettres. Notre philofophe
avoit logé long-tems dans le palais du
prince à Aix ; il fut témoin des troubles
que les divifions du comte avec le parlement occafionnerent dans la ville.

Le comte d'Alais s'étoit mis en tête
de faire Gaffendi agent du clergé de
France; il fe donna tous les mouvemens
néceffaires en conféquence auprès des
évêques qui compofoient l'affemblée de la province ; il parvint, par
fes négociations, à réunir la pluralité des
voix en faveur de fon protégé, malgré
la concurrence de l'abbé d'Hugues, ne-

veu du préfident de cette affemblée.
L'évêque de Digne parut fort oppofé à
Gaffendi : il eft vrai qu'il eut le déboire
de ne point être écouté.

Comme la nomination de Gaffendi
à l'agence du clergé avoit befoin
d'être ratifiée par l'affemblée générale
du clergé de France, le comte d'Alais
le preffa de fe rendre à Paris, enfuite à
Nantes, où l'affemblée avoit été tranf-
portée. Mais Gaffendi n'avoit pas cette
foupleffe de caractere propre à réuffir
dans le monde : défaut au refte qui ne
fait que fon éloge. S'étant apperçu que
l'abbé d'Hugues avoit pris les devants
par fes manœuvres intrigantes, il prit
le parti de s'accommoder avec fon
compétiteur, moyennant la fomme de
huit mille livres qui lui furent promi-
fes, & qu'il ne toucha jamais.

Si Gaffendi perdit un pofte, fa gloire & la poftérité y gagnèrent également par tant d'ouvrages utiles qui furent le fruit de fon repos littéraire.
Retourné en Provence, fon féjour n'y
fut point oifif, ni infructueux; il tra-

vailloit de concert avec son ami Du
péresc, chez qui il logeoit : ils firent
ensemble un voyage à Marseille pour
vérifier les observations de Pythéas.
Cet ancien astronome avoit déterminé à Marseille l'obliquité de l'éclipti-
que sur des raisons dont Strabon avoit
attaqué la justesse. Notre philosophe
ayant trouvé les remarques de Pythéas exactes, composa son apologie.

Il parcourut ensuite la Provence
avec son ami le conseiller Dupéresc,
pour examiner les antiquités, les monumens & les curiosités naturelles que
le pays renferme ; toujours attachés
à l'anatomie, ils observerent les phénomenes de la vision dans les quadru-
pedes, les poissons & les amphibies,
suivant de cette maniere la nature à
la piste, selon l'expression de M. de
Fontenelle.

Milord Herbert ayant donné à
peu près dans ce même tems un ouvrage métaphysique, Gassendi crut
devoir relever certains endroits qui
lui parurent hardis & repréhensibles.

Il fe croyoit tenu à repouffer les traits qui pouvoient retomber fur la révéla-tion, mais c'étoit toujours avec une fageffe & une modération dignes de la caufe qu'il foutenoit.

Nous voici arrivés à une époque des plus remarquables de la vie de Gaffendi, je veux dire, à l'hiftoire de fes difcuffions métaphyfiques avec Defcartes.

Réné Defcartes, chevalier, fei-gneur Duperron, naquit à la Haye en Touraine en 1596. Après avoir donné pendant fon enfance des mar-ques de ce qu'il devoit être un jour, & fuivit quelque tems la profeffion des armes, qu'il quitta bientôt pour fe livrer à l'étude de la philofophie, pour y vaqüer avec plus de liberté, il crut devoir fuir les hommes; en confé-quence, il vécut pendant deux ans dans une maifon écartée du fauxbourg S. Germain, fans faire & fans rece-voir aucune vifite. Il quitta enfuite fa patrie, & paffa en Hollande pour philofopher avec plus de liberté. La

persécution qu'il avoit déja commencé
à essuyer à Paris, vint encore le troubler dans sa nouvelle retraite; mais
elle tourna entiérement à sa gloire &
à la confusion de ses ennemis. Il passa
ensuite à Stockolm sur les exhortations
pressantes de la Reine Christine. A
peine y fut-il arrivé, qu'il y termina
sa carriere à l'âge de 54 ans. Simple
& sans ambition, il sacrifia toujours
à l'amour de la solitude, les prétentions que sa naissance & ses talens pouvoient lui imposer. Modeste & fru-
gal, il ne consulta jamais que le simple besoin dans ses vêtemens & sa
nourriture. Il fut enfin dans ses écrits
& sa vie privée, la lumiere & le mo-
dele des philosophes.

Si son système des connoissances
innées eût été admissible, on auroit
cru en trouver dans sa personne une
preuve vivante des plus complettes.
Doué d'une sagacité plus qu'humaine,
il fit l'étonnement de son siecle par son
prodigieux savoir; il fixa les regles
du raisonnement ; il établit un doute

méthodique dont l'utilité eſt reconnue pour l'avancement de la vraie
ſcience ; les mathématiques qui faiſoient ſon plus beau domaine furent
portées par lui à un point de perfection qu'on admiroit ſans le concevoir.
Il fit le premier l'application de l'al-
gebre à la géométrie. Voilà par quels
degrés Deſcartes opéra cette révolution qui changea totalement la face
de la philoſophie ; à la vérité, ſon ſyſtême n'a été qu'une mode auſſi éphi-
mere que brillante, on lui a reproché
d'avoir abandonné le flambeau de la
géométrie qui l'avoit guidé ſi long-
tems, pour ſe livrer aux illuſions de l'eſprit ſyſtématique : cet eſprit lui a fait
prendre ſouvent des ſentiers détournés,
lorſqu'il a voulu pénétrer les profon-
deurs de la phyſique. Mais on convient
que ſes mépriſes ne ſont que les états
d'un génie créateur. „ Il faut toujours
„ admirer Deſcartes, diſoit un illuſtre
„ Cartéſien, & le ſuivre quelque-
„ fois " (1).

_____

(1) Bernier, *Abrégé de la philoſop. de Gaſſendi*, préface.

Defcartes fe fignala fur-tout par des nouvelles preuves qu'il donna de la fpiritualité de l'ame. Il mit dans un grand jour les propriétés diftinctes de la penfée & de l'étendue; il affigna leurs limites refpectives; il établit leur exclufion réciproque, c'eft ainfi qu'il prouva la différence de l'efprit & du corps, & non par fon hipothefe chimérique des idées innées, qu'on a rélégué aujourd'hui dans la claffe des êtres de raifon. Il faut remarquer auffi que pour prouver la fpiritualité de l'ame, Defcartes fe fraya une route univerfelle, & diamétralement oppofée à celle qu'on avoit fuivie avant lui. Les fcholaftiques avoient donné à l'ame une étendue différente pourtant de celle de la matière; c'étoit, comme le remarque Bayle (1), renverfer d'une main l'immatérialité qu'ils avoient établie de l'autre. Auffi Defcartes fit voir que l'effence de la fpiritualité confifte dans une incompatibilité abfolue avec une extenfion ou des parties quelconques.

(1) Bayle, *Dictionnaire critique*, article *Simonide.*

C'est par ces nouveaux raisonnemens que Descartes a bien mérité de la religion : à la vérité , on a trouvé qu'il auroit dû s'en tenir là, & ne point mêler des preuves suspectes & incertaines à une cause qui n'admet que le vrai , & exclut essentiellement l'arbitraire.

Tel étoit Descartes avec qui Gassendi devoit rivaliser pendant quelque tems : ces deux philosophes, les premiers de leur siecle, partagerent le sceptre du Licée. L'un sembloit avoir un génie supérieur à ses connoissances; l'autre avoit des connoissances qui s'étendoient au delà de son génie : l'un, séduit par l'éclat du merveilleux, s'élançoit, se perdoit même quelquefois dans la région sublime des hipotheses; l'autre alloit toujours terre à terre, & ne marchoit qu'au flambeau de l'analogie : l'un vouloit voir les choses par leur principe, c'est-à-dire, comme Dieu même; l'autre se bornoit aux foibles lumières dont la mesure a été départie à la nature humaine : l'un fécond inventeur; l'autre simple ,

commun & d'autant plus vrai : l'un
enfin a régné long-tems par lui-même, par Malebranche & par Régis ;
l'autre avec Molieres & Bernier a
d'abord fait moins de bruit, mais il a
été l'avant-coureur.

J'espere qu'on voudra bien me par-
donner cette digression pour revenir
à mon sujet ; je remarquerai que lorsque Descartes eut publié ses méditations, le P. Mersenne qui étoit lié avec
lui, ainsi qu'avec Gassendi, fit passer
au dernier le livre des méditations,
pour voir s'il auroit quelques difficultés à lui opposer : ce religieux en avoit
usé de même à l'égard de Mr. Arnaud
& de Hobbes, avec lesquels il étoit
lié, & ces deux auteurs avoient déja
fait leurs objections. Gassendi fit aussi
les siennes de son côté ; il proteste
d'abord qu'il n'attaque point les questions qui font la matiere des objections, & qu'il ne veut point donner
atteinte aux vérités établies dans les
méditations de Descartes ; il propose
seulement quelques difficultés qui

l'empêchent d'adopter certaines preuves acceffoires déduites dans le livre
des méditations ; il auroit voulu qu'on
leur en fubftituât de nouvelles plus
folides & qui répandiffent plus de
jour fur les vérités dont il convenoit
pour le fond avec Defcartes. Il n'ap-
prouvoit pas fur-tout que Defcartes
voulût donner pour une chofe claire
& palpable une vérité obfcure, &
qu'il eût prétendu réduire en théorê-
me, ce qui n'étoit qu'un dogme.

Après avoir mis au net fes objections,
il les adreffa à Defcartes, avec une
lettre fort polie, où il lui explique
fes motifs & fon but. » Quand je fuis
» à table, dit-il, & que je tombe fur
» un mets qui n'eft pas de mon goût,
» je n'exige pas que les autres convi-
» ves foient du même avis que moi :
» il en doit-être de même en fait d'o-
» pinions. Rien n'eft plus vrai que
» chacun abonde en fon fens ; mais
» il feroit auffi injufte d'exiger de quel-
» qu'un qu'il penfe comme nous, que
» de vouloir qu'un convive trouve
bon

» bon un ragoût qui flattera notre
» palais. Il ajoute qu'il eſt très-éloi-
» gné de vouloir le choquer, & pro-
» met d'effacer toutes les expreſſions
» qui pourroient lui déplaire, & qui
» ne s'accorderoient pas avec les
» égards & la conſidération dont il
» fera toujours profeſſion envers lui.
On remarquera dans le tems que
Deſcartes, dans ſon traité des metéo-
res, avoit profité de l'ouvrage de Gaſ-
fendi ſur les parélies, ſans daigner
le citer. Ces reticences arrivoient par
fois à Deſcartes ; Gaſſendi fut ſenſible à celle-ci.

Deſcartes, dans ſa réponſe, loue beaucoup notre philoſophe ſur les agré-
mens de ſon ſtyle, quoiqu'il ait employé
des figures de rhétorique, diſoit-il,
plutôt que les raiſonnemens d'un philoſophe ; il dit après qu'il reconnoît
Gaſſendi pour un grand philoſophe
auſſi recommandable par ſa candeur
que par la profondeur de ſa doctrine,
& qu'il fera tout ce qu'il dépendra de

D

lui pour cultiver son amitié que lui
sera toujours précieuse.

Descartes fait ensuite une espèce
de dialogue où il met l'esprit & la
chair sur la scene. Gassendi comprit
que Descartes avoit prétendu le désigner sous le nom de la chair, & qu'il
s'étoit représenté lui-même sous celui
de l'esprit ; il fut un peu piqué de l'il-
lusion, ainsi que du ton tranchant
& décisif qu'affectoit son antagoniste.
Une lettre de celui-ci acheva de l'in-
disposer, Descartes y parloit fort ca-
valiérement: » il peut se faire, disoit-il,
„ que Gassendi n'approuve pas mes rai-
» sons, parce qu'il en aura senti la vérité,
» pour moi je ne puis approuver les
» siennes par une raison contraire.
» Si cela est , ce n'est pas ma faute «.

Notre philosophe, qui ne restoit pas
volontiers court, prit aussi-tôt la plume pour repliquer à Descartes. Il lia
ensemble ses objections, les réponses de Descartes, & les instances qu'il
avoit composées en replique : les
questions sont aussi approfondies dans

ces dernières qu'elles pouvoient l'être ;
il y démêle avec beaucoup d'art les pa-
ralogismes de son adversaire, qu'il ac-
cule pour ainsi dire par plusieurs de ces
argumens qu'on appelle *ad Hominem.* Il
dit ensuite à Descartes : En m'appel-
» lant chair, vous ne m'ôtez pas mon
» esprit ; de même qu'en vous nom-
» mant esprit, vous ne quittez pas votre
» corps ; mais vous êtes le maître de
» parler selon votre génie : il me suffit
» qu'avec l'aide de Dieu, je ne sois pas
» tellement chair, que je ne conserve
» encore mon esprit, & que vous ne
» soyez pas tellement esprit, que vous
» ne gardiez encore votre corps. Ni
» vous, ni moi ne sommes au dessus ni
» au dessous de la nature; si vous rougis-
» sez de l'humanité, je n'en rougis pas. «
Le livre des instances fut reçu du
public avec beaucoup d'avidité ; on
trouva qu'il ne laissoit rien à desirer
pour la solidité des preuves : la force
& l'enchaînement des raisons, & la
véritable méthode de manier la dialectique ; ce fut, dit le P. Bougerel

„ (1) le premier exemple d'une réfuta-
» tion très-complette digne d'un phi-
„ losophe très-subtil, très-savant &
„ chrétien. L'auteur d'une lettre cri-
„ tique sur la vie de Gassendi, prétend que ce philosophe n'étoit pas
content de cette production : je ne
sais où il a puisée cette anecdote
qu'il n'appuie d'aucune autorité. Les
suffrages du public étoient bien capa-
bles de le démonter, car, à peine le
livre des instances eut vu le jour,
qu'on lui écrivit de toutes parts pour
le féliciter sur le succès éclatant qu'il
avoit. On ajoutoit que la doctrine
Cartésienne alloit chaque jour en
déclinant depuis qu'on avoit vu la réfutation „. Descartes peut faire quand
„ il voudra de nouvelles méditations,
„ disoit-on, dans ses lettres, car les
„ anciennes font coulées à fond ".

Les Cartésiens témoins de tous ces
révers, sollicitoient vivement leur
maître à repousser les traits de Gassendi ; Descartes tâchoit de s'en dé-

---

(1) *Vie de Gassendi*, par le P. Rougerel, liv. 4.

pêtrer, en difant beaucoup de mal du livre & de l'auteur : il prétendoit que la réfutation de fes méditations ne méritoit que du mépris, & qu'il ne fe donneroit pas feulement la peine de la lire. Cette politique eft commode pour trancher bien des difficultés.

Mais, ce qui ne fera jamais hon neur à Defcartes, c'eft fon déchaînement contre Gaffendi à ce fujet ; il ne laiffoit échapper aucune occafion de le dénigrer de vive voix ; plufieurs perfonnes auffi judicieufes qu'impartiales, furent choquées de ce procédé, & blâmerent hautement Defcartes, dont la modération de Gaffendi ne faifoit qu'aggraver les torts. On ne fauroit s'empêcher, (1) dit le P. Bougerel, „ de regarder autrement, que comme „ des rodomontades, tout ce que Def- „ cartes débitoit dans cette occafion, „ & on s'étonne que Baillet, dans la „ vie de ce philofophe, aye donné „ ces rodomontades, pour des objec- „ tions folides. Il feroit difficile de jufti-

(1) Le P. Bougerel *ibidem*,

„ fier Baillet du reproche de partialité
„ contre Gaffendi, dont il ne pouvoit
„ s'empêcher de reconnoître la modération ".

On lit une remarque finguliere dans
un ouvrage de M. Arnaud, qui à pour
titre : *Difficultés proposées par M.*
Steiaert. Ce célebre docteur dit qu'on
lui avoit écrit de Naples que le livre
des inftances de Gaffendi avoit jetté
plufieurs perfonnes dans l'erreur Épicurienne fur la mortalité de l'ame. Il
ajoute que cette lecture peut être
dangereufe pour certains efprits, parce que Gaffendi y met en avant toutes les raifons que la fagacité humaine peut fuggérer pour prouver que
l'ame n'eft pas plus diftinguée du
corps qu'un corps fubtil l'eft d'un
groffier : le P. Bougerel fait fentir
combien cette critique porte à faux.
En effet, M. Arnaud l'appuie uniquement fur les conféquence qu'on peut
tirer de la réfutation des méditations
de Defcartes ; mais un auteur doit-il
donc être garant des conféquence fo-

phistiqués & désavouées auxquelles
son livre peut donner lieu ? Qu'auroit
répondu M. Arnaud, partisan très-
chaud de Descartes, si on lui eût re-
torqué que le spinosisme étoit une suite
des principes cartésiens ? Il se seroit
sans doute récrié sur la fausseté des
conséquences. On peut par la même
raison justifier Gassendi du reproche
d'avoir voulu favoriser le matérialisme
dont il étoit aussi éloigné que Descartes
du spinosisme, & Mallebranche de l'im-
matérialisme.

Il faut encore observer, avec le P.
Bougerel, que lorsque Gassendi propose ses difficultés sur la spiritualité de
l'ame, il ne parle que philosophique-
ment. D'ailleurs, il dit & répete souvent qu'il n'en veut qu'aux raisons
qu'allegue Descartes, & non pas à la
cause qu'il défend : c'est ainsi que dans
les écoles, ajoute encore le P. Bougerel, on a toujours été en possession de
donner carriere à des opinions purement philosophiques. On y entend
tous les jours sans scandale les argu-

mens les plus forts contre l'exiſtence de Dieu & l'immortalité de l'ame. D'ailleurs Gaſſendi prouvoit ſans réplique à Deſcartes, combien il étoit téméraire de vouloir ſonder la nature de l'ame qui a toujours été, & qui ſera probablement toujours incompréhenſible.

D'ailleurs, ce n'étoit pas perſonnellement à Gaſſendi, mais aux fauſſes conſéquences tirées de ſon ouvrage, que M. Arnaud faiſoit le procès. Il ne pouvoit ignorer la pureté des ſentimens de notre philoſophe, aſſez conſtatée par la voix publique. Pour s'en convaincre, il ne faut que lire ſes ouvrages poſtérieurs aux inſtances; s'il falloit encore rendre la juſtification de Gaſſendi plus complette, on pourroit alléguer que le livre des méditation a été mis à l'index, & que celui des inſtances n'a jamais eſſuyé la moindre flétriſſure.

Gaſſendi perdit bientôt après ſon ami Dupéreſc, dont la mort lui fut d'autant plus ſenſible, qu'ils avoient toujours
jours

jours vécu dans l'union la plus étroite & la mieux foutenue; le chagrin qu'il en eut, lui fit fufpendre tous fes travaux littéraires pendant le refte de l'année. Il paya enfuite à la mémoire du défunt, le tribut que la reconnoif-fance & l'amitié lui impofoient, en faifant imprimer fa vie qui fut très-bien accueillie du public (1).

Le célebre Galilée ayant perdu un œil à peu près dans ces circónftances, Gaffendi lui écrivit une lettre philo-fophique pour le confoler. C'eft dans cette lettre qu'il avance ,, que nous ,, ne voyons jamais les objets que ,, d'un œil, quoiqu'ils foient ouverts ,, tous les deux. Dans le tems qu'un ,, de nos yeux confidere un objet, ,, l'axe de l'autre œil fe trouve arrêté ,, & comme fufpendu par le reffort ,, de la nature qui n'agit, à propre- ,, ment parler, que fur un feul ". Notre auteur prenoit l'intérêt le plus vif à tout ce qui regardoit Galilée; &

_____

(1) Cette vié fe trouve en latin dans la collection des œuvres de Gaffendi.

E

lorfque l'inquifition en eut ufé à l'é-
gard de ce célebre aftronome avec
cette rigueur qu'on trouve aujour-
d'hui fi abfurde dans le pays même où
il fut fi maltraité, Gaffendi s'employa
autant qu'il le put, par lettres & par
négociation pour procurer à fon illuftre ami le recouvrement de la liberté.
Notre philofophe penfoit de même
que Galilée, mais il ufoit de beaucoup plus de réferve. C'eft ce qu'on
apperçoit dans le traité qu'il compofa
fur la communication du mouvement:
il y donne la folution des principales
queftions de méchanique, fur-tout de
celles qui font relatives au mouvement
de la terre, mais il n'ofe fe déclarer
ouvertement pour le fyftême de Copernic. ,, Je fais bien, difoit-il, que les
,, partifans de ce fyftême donnent des
,, raifons folides & fatisfaifantes qui
,, concilient leurs opinions avec les
,, paffages de l'écriture ; mais quand je
,, vois des perfonnes qui ont une gran-
,, de autorité dans l'églife, fuivre un
,, avis contraire, je me tais ; non que

„ je croie que leur opinion foit une
„ regle de foi, mais je la regarde com-
„ me un grand préjugé que je ref-
„ pecte ".

Aujourd'hui cette déférence paroî-
troit pouffée à l'excès. L'on convient
affez unanimement que les queftions de
fait de cette nature, ne font point du
reffort de l'autorité ; ainfi lorfqu'on
avoit défendu autrefois de croire aux
antipodes, le Roi d'Efpagne Ferdi-
nand aima mieux, dit Pafcal, croire
Chriftophe Colomb qui en revenoit,
que le Pape Zacharie qui difoit qu'il
n'y en avoit pas.

Si Gaffendi fit paroître dans cette
occafion une timidité déplacée, il ré-
para bientôt après cette faute, dans le
traité qu'il publia fur l'accélération des
corps graves dans leur chûte: il fou-
tient hautement l'hypothefe de Copernic dans cet ouvrage. Un Jéfuite rec-
teur du college de Dijon, attaqua
Gaffendi qui repouffa victorieufement
fes traits; mais Morin jugea à propos
de prendre le parti du Jéfuite, il fit

part à Gassendi du projet qu'il avoit formé d'écrire contre lui, l'exécuta bientôt après, malgré les remontrances du P. Mersenne & de quelques autres savans de distinction. Il mit au jour un livre intitulé : *Les ailes de la terre brisées : Alæ telluris fractæ.* Ce livre contient un amas de raisonnemens absurdes pour prouver l'impossibilité du mouvement de la terre autour du soleil : on y trouve aussi un torrent d'injures contre Gassendi. L'acharnement de Morin contre notre philosophe avoit sa source dans une raison qui ne fait pas honneur au premier. Cet homme imbu des préjugés de l'astrologie judiciaire, avoit cru faire de nouvelles découvertes dans son art chimérique ; il les avoit proposées à Gassendi, qui en avoit fait tout le cas qu'elles méritoient ; il avoit même tâché de désiller charitablement les yeux de Morin, qui prit en mauvaise part le service que notre philosophe avoit voulu lui rendre ; il se mit donc à composer ce libelle dans lequel il

ſoulage ſa bile par des perſonnalités
auſſi odieuſes qu'indécentes contre
Gaſſendi : ce dernier fit l'honneur à
ce viſionnaire de le réfuter de point en
point. Morin, au reſte, ne manquoit
ni d'eſprit, ni de connoiſſances ; il
étoit à plaindre par ſes préjugés en
faveur de l'aſtrologie judiciaire, plus
à plaindre encore par ſes procédés à
l'égard de Gaſſendi ; procédés qui
laiſſent ſur ſa mémoire une tache éternelle.

Enfin, après bien de laborieuſes recherches, Gaſſendi termina ſon ouvrage ſur la vie & les mœurs d'Epicure. Cet ouvrage eſt diviſé en huit
livres; il eſt précédé d'une épitre dédicatoire où l'auteur expoſe ſon ſujet
& ſon but à ſon ami Luillier le Maître des Comptes. ,, Il y prévient les
,, reproches (1) qu'on pouvoit lui
,, faire de contredire l'opinion com-
,, mune où l'on étoit alors touchant
,, Epicure, & d'entreprendre un ou-

(1) Ce long paſſage eſt extrait de l'Epitre Dédicatoire
de Gaſſendi à Luillier, dont je donne ici la traduction.

,, vrage nuifible à la religion & aux
,, bonnes mœurs. Il répond au pre-
,, mier chef, que l'opinion de la mul-
,, titude ne doit point fervir de loi,
,, parce que pour l'ordinaire elle eft
,, moins fondée fur une connoiffance
,, de caufe que fur l'autorité fouvent
,, incertaine des anciens. Auffi Séne-
,, que, difoit-il avec raifon, je ne
,, cherche point à plaire au peuple,
,, il ignore ma façon de penfer, &
,, moi la fienne. La vérité des opi-
,, nions dépend de la force & du con-
,, cours des preuves dont elles font
,, appuyées, & non pas du nombre
,, ou de la qualité de ceux qui fe mê-
,, lent d'en juger. Que fera-ce donc,
,, ajoute-t-il, fi je viens à faire voir
,, qu'Epicure ne le cede à aucun phi-
,, lofophe, foit pour la candeur, l'inté-
,, grité, la févérité même de fes mœurs,
,, foit pour le génie, la fagacité & la
,, folidité du jugement? Pour s'en
,, convaincre, il faut examiner le fonds
,, des chofes, comme difoit Séneque,
,, & non pas s'arrêter aux apparen-
,, ces ".

„ Gaffendi ajoute qu'il ne prétend
„ pas s'afficher pour un homme qui
„ aime à fronder les préjugés reçus ;
„ mais qu'en même-temps il n'est
„ point fourd à la voix de l'humanité
„ qui lui a mis la plume à la main pour
„ venger un homme qu'on a fi indi-
„ gnement déchiré, pour lequel il
„ reffent le même zele dont il feroit
„ animé envers un innocent qu'il fau-
„ roit être injuftement opprimé. La
„ calomnie nous repréfente Epicure
„ comme un homme abforbé dans le
„ vice, qui ne cherche qu'à fe vau-
„ trer dans les plus fales voluprés ; en
„ un mot, comme un Sardanapale,
„ ou comme un Héliogabale ; fi cela
„ étoit, je ferois le premier à lui jet-
„ ter la pierre & à le dévouer aux fu-
„ ries, mais je me flatte de démontrer
„ la fauffeté de ces imputations, &
„ de confondre ceux qui, cachant
„ leurs défordres fous un zele appa-
„ rent de réformateurs, font encore à
„ cent lieues d'Epicure pour l'honnê-
„ teté des mœurs ".

„ Quant à ce qui est contraire à la
„ religion & à la pureté de la foi, j'au-
„ rai soin de le relever autant qu'il
„ sera en mon pouvoir. On ne peut se
„ diffimuler combien Epicure est con-
„ damnable sur ce chapitre ; mais il a
„ cela de commun avec tous les au-
„ tres philosophes: car, en se bornant
„ aux écrits d'Aristote, qui a dominé
„ si long-tems dans l'école , combien
„ d'impiétés n'y trouve-t-on pas con-
„ tre la providence ? Cependant cela
„ n'empêche pas de le lire & de l'é-
„ tudier en prenant ce qu'il y a de
„ bon, & laiffant le mauvais à l'écart :
„ il faut user des mêmes précautions à
„ l'égard d'Epicure ".

Ce paffage si précis, & des autori-
tés auffi refpectables que celles de
Gaffendi & de Séneque auroient dû ,
ce me femble , faire quelque fenfation
fur tant de déclamateurs qui ont cru
pouvoir fe permettre d'outrager si gra-
tuitement la mémoire d'Epicure.

Le premier & le fecond livre de
Gaffendi font employés à écrire la vie

d'Epicure. Ce philofophe iffu d'une famille diftinguée naquit à Gargetes, Bourgade voifine d'Athenes, environ trois cens quarante ans avant l'Ere chrétienne. Sa mere étoit fort fuperftitieufe, & croyoit aux efprits & aux revenans. Le jeune Epicure fut envoyé à Samos, enfuite à Athenes, pour y faire fes études. Son maître de grammaire lui parlant un jour du chaos qu'il difoit être l'origine de tout, le jeune écolier lui demanda : » Si le „ chaos eft l'origine de toutes chofes, „ d'où tire-t-il lui-même fon origi-„ ne ? « Le maître embarraffé, répondit que cette queftion étoit de la compétence des philofophes qui font profeffion de chercher la vérité. A quoi Epicure répondit : „ Puifque cela „ eft ainfi, je vais étudier fous ceux „ qui s'appliquent à connoître la véri-„ té «. Telle fut l'origine de fon goût pour la philofophie ; la lecture des ouvrages de Démocrite ne contribua pas peu à l'y attacher.

Parvenu à un âge plus mûr, Epi-

cure fe mit à philofopher, il ouvrit
une école d'abord à Samos, enfuite à
Athenes où il fe fixa. Il y fit l'acqui-
fition d'un jardin pour la fomme de fix
mille livres ou environ de notre mon-
noie. C'étoit-là qu'il vivoit avec un
petit nombre de difciples choifis dans
le fein de l'amitié, & la communication de la raifon. Ses quatre principaux difciples furent Métrodore, Hé-
rodote, Hermachus & Poliftrate. Cicéron remarque qu'on n'a jamais vu
d'exemple d'une union auffi conftante
depuis Orefte, Pilade & Théfée. Ils
avoient fans ceffe le portrait de leur
maître devant les yeux, au lit & au
bain. Epicure a compofé environ trois
cens ouvrages dont nous n'avons que
des fragmens très-imparfaits. Le temps
nous a pas confervé le refte, & c'eft
peut-être la plus grande perte qu'ait
fait la république des lettres. Ce
grand homme, tourmenté toute fa vie
de la goutte, cherchoit fa confolation
dans l'étude de la nature, & dans cet
épanchement du cœur fi propre à

adoucir les miseres humaines. Il donna
jusqu'à la fin, l'exemple de la conduite
la plus irréprochable par sa continence
& sa sobriété, ne vivant que de légumes, & ne buvant jamais de vin. C'est
ainsi qu'il poussa sa carriere jusqu'à
l'âge de soixante-douze ans. Sur ses
derniers jours il étoit devenu si foible
qu'il ne pouvoit plus supporter la lumiere ni ses vêtemens. Sentant sa fin
approcher, il fit ses dernieres disposi-
tions, entra dans un bain chaud, avala
un verre de vin, & expira bientôt
après.

Dans ses derniers momens, Epicure
écrivit à Hermachus la lettre suivante
que Cicéron nous a transmise, en com-
parant la mort d'Epicure avec celle
des Léonidas, des Epaminondas &
des autres héros de la Grece.,,Je vous
,, écris, Hermachus, dans cet heureux
,, jour, le dernier de ma vie ; je souf-
,, fre des entrailles & de la vessie au
,, dessus de ce que l'on peut s'imagi-
,, ner ; mais j'oppose à mes maux la
,, joie de mon esprit, en me rappellant

,, les preuves des importantes vérités
,, que j'ai établis. Je vous recomman-
,, de les enfans de Métrodore ; c'eſt
,, un ſoin digne de l'attachement que
,, vous avez eu dans votre jeuneſſe,
,, pour la philoſophie & pour moi ".

Les diſciples d'Epicure continue-
rent à vivre de la même maniere après
ſa mort, leur école produiſit pluſieurs
hommes célebres.

. Dans le quatrieme livre, Gaſſendi
remonte à la ſource de la haine & des
invectives auxquelles Epicure s'eſt
trouvé en butte. Les Stoïciens y donnerent lieu. Zénon, patriarche de ces
derniers, étoit un homme d'un eſprit
rare, mais ſombre & acariâtre ; il s'aſ-
ſocia avec quelques autres philoſophes
de la même trempe, & parvint à fon-
der une ſecte qui fut depuis très-flo-
riſſante. Cette ſecte profeſſoit à l'extérieur, ce que nous appellons le rigoriſme, pleine d'ailleurs des plus ſin-
gulieres prétentions qu'Horace a ſi
bien ridiculiſées dans ſes ſatyres. Séneque, dans la tragédie de Thieſte, peint

aussi d'après nature la morgue stoï-
cienne dans ces vers ;

On est Roi quand on est sans crainte & sans desir,
A cet empire heureux chacun peut parvenir.

Epicure sans tant d'appareil & de
faste plaidoit en faveur des droits de
la nature, qu'il prétendoit être très-
légitimes par eux-mêmes ; il ne s'agis-
soit que de les bien entendre. Il prenoit un parti mitoyen entre la rigueur & le relâchement. Comme
il suivoit une route diamétralement
opposée à celle de Zénon, il n'en fallut pas d'avantage pour ameuter les
Stoïciens contre lui ; & delà tant de
sottises & d'imputations calomnieuses
contre Épicure, lesquelles ont malheureusement séduit des esprits très-
éclairés, & sur-tout un des plus sages
& des plus agréables écrivains de
l'antiquité.

Le cinquieme livre roule sur la religion d'Épicure. On y voit que le
philosophe d'Athenes a toujours reconnu l'existence de la divinité. Il
pensoit aussi sainement qu'un payen

pouvoit le faire fur fon excellence. Il
alloit même dans les temples, & l'on
fcait le mot de cet ancien : „ Que
„ Jupiter ne lui avoit jamais paru
„ plus grand que depuis qu'il avoit
„ vu Epicure profterné au pied de
„ fes autels ". Il eft vrai qu'il a nié la
providence ; il penfoit que c'étoit
déroger à la haute idée que l'on doit
avoir de l'Être fuprême que de le
croire occupé des chofes d'ici-bas. „ La
„ divinité, difoit-il, eft trop heureu-
„ fe & trop fupérieure à la nature
„ humaine pour defcendre dans tous
„ ces détails ". Ainfi il tomba dans l'ir-
réligion par un principe trop religieux.
Il feroit téméraire de vouloir difcul-
per Epicure fur ce chapitre ; auffi
Gaffendi l'abandonne-t-il aux reproches qu'on lui a fait de couper les
reins à la vertu, fi l'on peut fe fervir
de ce terme, en lui enlevant fes plus
fermes foutiens. Mais notre philofophe
fait voir en même-tems qu'Epicure a
eu pour complices tous les fages de
l'antiquité dont les fyftêmes théolo-

giques bien approfondis, n'étoient pas
plus favorables à la providence, ils
ne différoient entr'eux que du plus
ou du moins ; ainſi les Stoïciens étoient
dans un étranger erreur, ſi en con-
damnant les Épicuriens ils croyoient
valoir beaucoup mieux qu'eux avec
leur fatalité, & leur Dieu rond &
igné coupé en parcelles dans tous les
Êtres qui compoſent la nature. Gaſſendi ne fait point de quartier à aucun
philoſophe ſur ce point de religion,
pas même au divin Platon.

La juſtification d'Epicure ſur l'article des mœurs, fait le ſujet du ſixie-
me livre. Le philoſophe d'Athenes
étoit bien éloigné, comme on voit
par le contenu de ce livre, de cette
dépravation qu'on lui a imputée.
Le jardin d'Epicure, ce berceau d'une
ſi illuſtre école, n'étoit rien moins
qu'un lieu de proſtitution, comme
il a plu au fanatique Chriſippe de le
débiter ; c'étoit le ſéjour de l'honnê-
teté, de la philoſophie & de l'amitié ;
les femmes d'Athenes célébres par

leur beauté & leurs talens venoient
y puiſer l'amour de la ſcience & de
la vertu.

: Dans ſe ſeptieme livre Gaſſendi
repouſſe encore les calomnies des Stoïciens contre la tempérance d'Epicure,
& le huitieme livre a pour objet
l'examen & la réfutation de ce qu'E-
picure avoit avancé touchant les arts
libéraux & méchaniques. Tel eſt le
plan de cet ouvrage qui réunit au
plus haut degré la préciſion du ſtyle,
les recherches de l'érudition, & la
juſteſſe de la dialectique. Il ſuffit,
pour en faire l'éloge, de citer le ſuffrage de deux grands connoiſſeurs (1)
qui conviennent que ce livre eſt un
chef-d'œuvre qui vaut lui ſeul tous les
ouvrages qu'on a compoſés en faveur
d'Epicure. Gaſſendi y a joint des remarques ſur le dixieme livre de Diogene de Laërce, avec une expoſition
des maximes d'Epicure ſuivies de notes ſimples & lumineuſes. Epicure
avoit

_____
(1) Bayle & M. l'abbé Bateux.

avoit divisé sa philosophie en trois
branches, la canonique, la morale & la
physique. Toute sa doctrine étoit re-
duite en aphorismes. Gassendi l'avoit
d'abord donnée au public sous cette
même forme ; mais les changemens
& les éclaircissemens qu'elle demandoit, l'engagerent insensiblement dans
de longs détails ; la matiere s'étendit
entre ses mains au point de former un
volume considérable, & un cours de
philosophie très-complet & très-ins-
tructif : c'est de cet ouvrage que nous
avons extrait le précis du systême de
Gassendi qu'on trouvera à la suite de
sa vie.

La-vie d'Epicure fut reçue du public avec l'empressement qu'elle méritoit, & mit le dernier scéau à la réputation de Gassendi, qui parut alors être
parvenu à ce périodequi metégalement
au dessus de l'éloge & de la critique.

En 1645 une chaire de mathématique étant venue à vaquer au college Royal, le cardinal Louis de Riche-
lieu, archevêque de Lyon, & grand

F

aumônier de France, nomma Gaffendi
pour la remplir : notre philofophe qui
favoit que le fage ne doit pas s'immif-
cer dans beaucoup d'affaires, la refu-
fa d'abord, mais enfin il l'accepta fur
les inftances réitérées du cardinal : le
jour de fon inftallation il prononça
une harangue qui fut très-applaudie,
& dans laquelle il fit un éloge déli-
cat du cardinal, de tous les profef-
feurs fes collegues, fans oublier Morin, rendant ainfi le bien pour le mal.

De nouvelles affaires appellerent
encore Gaffendi en Provence ; il fit
alors imprimer fes ouvrages à Lyon.
Il travailloit toujours avec une ardeur
infatigable, fur-tout à des expériences
de phyfique qui lui coûterent cher ;
il en eut une maladie qui le mit aux
portes de la mort. L'aftrologue Morin annonça qu'il n'en releveroit pas ;
il avoit été inftruit de fon état, &
comptant qu'il étoit perdu fans ref-
fource, il fe félicitoit de trouver cette
occafion de venger & de rétablir
l'honneur de fon art décrié : mais ce

fût encore un nouveau ſujet de confuſion pour lui. Gaſſendi ne ſe porta
jamais mieux que dans le tems où
Morin avoit prédit ſa mort, & réfuta
ainſi l'aſtrologue autant par ſon expérience que par ſes écrits. Notre philoſophe n'eut pas plutôt recouvré ſa
ſanté, qu'il mit la derniere main à
pluſieurs ouvrages qu'il avoit entre-
pris. Ces ouvrages ſont les vies de Ty-
cobrahé, de Copernic & de Régio-
montanus, célebres aſtronomes. Il ſe
rendit auſſi utile à l'égliſe de Digne
par pluſieurs recherches ſavantes ſur
ſes droits & ſes antiquités. Il donna
encore un traité ſur la muſique Fran-
coiſe, avec une explication raiſonnée
des tons de voix, des inflexions &
des modulations: il en parle auſſi per-
tinemment qu'on pouvoit le faire dans
un tems où cet art étoit encore au
berceau; enfin, comme aucun genre
d'érudition ne lui étoit étranger, il
écrivit ſur l'évaluation des ſeſterces un
petit traité qui répand beaucoup
de jour ſur cette partie de l'hiſtoire
ancienne.

Le livre des principes de phyſique de Deſcartes faiſoit alors du bruit. Sorbieres qui ſe trouvoit en Hollande, voulut engager Gaſſendi à écrire contre Deſcartes. Mais notre philoſophe ne jugea pas à propos de le faire, perſuadé de l'inutilité de ces conteſtations littéraires qui n'aboutiſſent la plupart du temps , qu'à repaître la vaine curioſité des gens déſœuvrés pour qui elles forment une eſpece de ſpectacle , & Gaſſendi ne vouloit pas ſe donner en ſpectacle. D'ailleurs il n'étoit pas en reſte envers Deſcartes, & celui-ci ayant gardé le ſilence, l'autre ne croyoit pas devoir être le premier à le rompre. Cependant Rivet lui ayant écrit pour lui demander ſon avis ſur les principes de phyſique. Voici ce qu'il lui répondit. „ Je ne crois pas qu'on doive ſe „ mettre en frais pour réfuter un ſyſ- „ tême qui probablement ne ſurvivra „ pas à celui qui l'a inventé. Rien „ n'eſt plus ennuyant, il tue ſon lec- „ teur ; on s'étonne que ces fadaiſes

„ aient tant coûté à leur auteur ; pour
„ moi je ne puis qu'appréhender beau-
„ coup pour la témérité d'un homme
„ qui veut ainſi détrôner Ariſtote, afin
„ de ſe mettre à ſa place , en ſubſti-
„ tuant à l'ancienne doctrine une au-
„ tre doctrine non moins erronée : il eſt
„ bien ſingulier qu'un ſi grand géo-
„ metre veuille nous donner des fa-
„ daiſes & des revêries pour des dé-
„ monſtrations.

Cette critique qui décéla ſans doute l'homme piqué, fournit à Baillet
l'occaſion de déprimer Gaſſendi pour
élever Deſcartes ſon héros ; mais
Baillet n'auroit pas tant déclamé, s'il
avoit pu preſſentir le jugement de la
poſtérité qui ſemble avoir juſtifié parfaitement la production de notre philoſophe.

Deſcartes, témoin du diſcrédit où
étoient tombées ſes méditations, depuis qu'on liſoit les *Inſtances* de Gaſſendi, voulut y répliquer par une
réponſe en forme. Il avoit d'abord
joué le mépris pour le livre & ſon

auteur, mais il comprit enfin qu'il ne
devoit point méprifer ce qui n'étoit
pas méprifable ; il répondit quoiqu'in-
directement, feignant de n'avoir pas
lu la réfutation de fon adverfaire. Gaffendi ne fe crut pas obligé de répondre une feconde fois à des argumens
qu'il avoit dejà combattus, & qui ne
fe reproduifoient point fous de nouvelles preuves. C'étoit affez la coutume de Defcartes de revenir toujours
aux principes qu'il avoit déja pofés,
fans s'embarraffer fi on les avoit re-
futés, & à prouver le même par le
même. Cependant, comme la divifion
de ces deux grands hommes ne laiffoit pas de produire un mauvais effet,
M. l'abbé d'Eftrées, qui fut depuis
cardinal, grand amateur des lettres, &
avec connoiffance de caufe, réfolut
de faire ceffer ce fcandale littéraire.
Pour cet effet il invita un jour à di-
ner Defcartes, Gaffendi, Roberval &
l'abbé de Marolles, & quelques autres
amis communs. Gaffendi ne put s'y
trouver à caufe d'une indifpofition

qui lui étoit survenue la nuit précédente. Après le dîner Monsieur l'abbé d'Estrées mena la compagnie chez Gaffendi; l'accord se fit aisément entre deux philosophes qui s'estimoient réciproquement ; dès que Gaffendi fût en état de sortir, il alla rendre visite à Descartes ; ils se jurerent dèslors une amitié qui ne fut jamais démentie.

Les fréquens voyages de Gaffendi, ses études continuelles, ses veilles, ses expériences laborieuses, altérerent prodigieusement sa santé ; il fallut se soumettre au régime, non pas pour sa nourriture, il n'en avoit jamais eu besoin, mais on l'obligea de renoncer à l'étude, sacrifice qui lui coûta beaucoup. Au mois de Février 1655, son état empira si fort qu'on le crut perdu sans ressource. Il échappa cependant au danger, & eut même assez de repos l'Été suivant; mais au mois d'Octobre, il retomba dans un état dont il ne devoit plus se relever. Il fut traité pendant sa maladie par plusieurs médecins qui ne le quittoient jamais. Ces docteurs, quoique de ſes amis, ordonnerent d'un avis commun trei- ze ſaignées ſur ce corps exténué de veilles, de travaux & de diete. Le malade ſe ſoumit à tout avec beau- coup de réſignation. Guy Patin qui étoit du nombre de ſes médecins & ſon ami particulier, s'approcha de ſon lit pour lui dire de mettre ordre à ſes affaires. Notre philoſophe levant la tête, répondit tranquillement ,, qu'il ,, avoit pourvu à tout '': il reçut en- ſuite les derniers ſacremens. Il con- ſerva juſqu'à la fin au milieu du dépé- riſſement de ſes forces, ſa douceur & ſa préſence d'eſprit, effet du calme & de la ſérénitéde ſon ame. Sentant que ſa fin approchoit, il prit la main de ſon ſecretaire qu'il poſa ſur ſon cœur, en proférant ces trois dernieres paroles. ,, Voilà ce que c'eſt que la vie de ,, l'homme ''. Il expira bientôt après : ce fut le 24 Octobre 1655. Il étoit âgé de ſoixante-trois ans neufs mois : on ne douta point dans le temps que

ces

ces nombreufes faignées n'euffent abrégé fes jours. Ainfi il mourut victime
de fa trop grande docilité envers les
médecins, comme Defcartes périt par
fon peu de condefcendance à leur
égard.

Deux jours après fa mort, fon
corps fut porté à l'églife de faint Ni-
colas-des-Champs. Ses obfeques furent honorées d'un concours prodigieux de gens de diftinction & de fa-
vans. Elles furent ordonnées par M.
de Montmor, maître des requêtes,
& l'un des quarante de l'académie
françoife. Ce favant magiftrat paya
ce dernier tribut à fon ami ; il le fit
inhumer dans la chapelle de faint Jo-
feph, où l'on voit fon maufolée & fon
bufte de marbre. La mort de Gaffendi laiffa un grand vuide dans l'Europe favante, & tous les philofophes
de ce temps arroferent fon tombeau
de leurs larmes.

Comment, en effet, ne l'auroit-on
pas regretté? La candeur de fon ame
réfléchie dans tous fes écrits, la fimpli-

G

cité de ſes mœurs dignes des premiers âges, l'aménite de ſon caractere égal dans toutes les circonſtances, l'enjouement de ſa converſation vive & coupée de ſaillies agréables, toutes ces qualités rendoient ſa ſociété délicieuſe.

Si la voix du peuple eſt un garant certain de la vérité, il ſuffira de dire, à la louange de notre philoſophe, qu'en Provence on l'appelloit *le ſaint prêtre*, ſuffrage d'autant plus flatteur, qu'il eſt bien rare qu'on ſoit prophete dans ſon pays. Cette bonne opinion que ſon mérite avoit inſpirée à ſes compatriotes, ne ſe démentit jamais, & lorſque Taxil ſon ſucceſſeur à la prévôté de Digne, prononça ſon oraiſon funebre dans le chapitre de cette ville, l'auditoire qui étoit nombreux l'interrompit par ſes ſanglots. Jamais vie n'a été plus unie & plus modeſte que la ſienne, il ne vivoit que de légumes, & ne buvoit que de l'eau. „ Il „ vivoit, dit Sorbieres, comme un „ anachorete au milieu de Paris, &

» quoiqu'il n'eût pas fait les trois vœux,
„ il les obſervoit auſſi rigoureuſement
„ qu'aucun autre religieux ". Falloit-
il que cet homme , philoſophe ſans
licence , & pieux ſans impoliteſſe, ſe
trouvât en butte aux traits de la calomnie ? On répondra que s'il ne les
avoit point eſſuyés, il auroit eu ce trait
de conformité de moins avec ſes mo-
deles ; car par une fatalité auſſi bizarre
que marquée, parmi tous les ſages qui
ont illuſtré le Lycée depuis Socrate
juſqu'à nos jours , il n'en eſt pas un
ſeul qui n'aie été dénigré. Le titre de
philoſophe exempt de préjugés, étoit
plus que ſuffiſant pour lui attirer des
perſécutions ; il avoit d'ailleurs ſoute-
nu qu'Epicure avoit quelquefois raiſon, & qu'Ariſtote avoit ſouvent tort.
Les Péripatéticiens qu'il avoit fou-
droyés l'accuſerent d'athéiſme ; mais
leurs délations & leurs cris furent
regardés comme les derniers ſoupirs
d'une ſecte expirante. Morin renou-
vella depuis la même accuſation ; il
publioit hautement que Gaſſendi n'a-

voit point de religion, & qu'il dégui-
foit fes fentimens par pure politique &
dans la crainte du feu (*Metu atomorum
ignis*) : c'étoit ainfi que ce fanatique,
fans aucunes preuves, s'érigeoit en fcru-
tateur des cœurs ; notre philofophe
auroit pu lui fufciter des affaires fé-
rieufes ; il fit mieux, il s'en vengea
par de bonnes manieres.

Si de l'examen de ces vertus focia-
les qui formoient la belle ame de Gaffendi, on paffe aux qualités de l'efprit,
qui n'admirera la profondeur & la variété de fes connoiffances ! On voit re-
gner dans tous fes écrits cette méthode
& cette clarté qui font le principal
mérite des matieres philofophiques.
Nourri de la fleur des meilleurs écrivains, toutes fes productions font or-
nées de la latinité la plus pure, &
d'une érudition univerfelle qu'il ré-
pandoit par-tout, fouvent même avec
prodigalité. Son éloquence n'étoit
point recherchée ; il favoit fe paffer
de tout ornement fuperflu. Enfin on
ne fauroit rendre fon éloge plus com-

plet, qu'en difant de-lui, avec *Bayle*, qu'il a été le *plus humaniſte des phi-loſophes*, & *le plus philoſophe des hu-maniſtes*.

DU
SYSTÊME
DE
GASSENDI.

APRE's avoir ébauché le portrait
de Gaſſendi, il nous reſte à donner
une idée de ſon ſyſtême, ſi toutefois
on peut donner le nom de ſyſtême à
des opinions que l'analogie avoue, &
que Gaſſendi ne propoſoit d'ailleurs
que comme de ſimples conjectures; il
pouvoit s'appliquer ce beau paſſage
de Cicéron : „ J'expliquerai mon ſen-
„ timent (1) comme je le pourrai, non
„ en prenant un ton d'oracle comme
„ un autre Apollon; mais en ſuivant
„ comme un foible mortel la conjec-
„ ture la plus probable ". En effet, bien
loin de prendre un ton d'oracle, ou

(1) *Ut potero explicabo non tamen ut Pithais Apollo certa
ut ſint & fixa quæ dixero, ſed ut homonculus probabiliorem
conjecturam ſequens.* Cicer. Tuſcul. 1.

de donner des décisions tranchantes, notre philosophe se sert à chaque pas de ce mot, *Esse videtur* : cela me *paroît probable* : il savoit ignorer sans murmure ce qu'il voyoit être supérieur à l'intelligence humaine. C'est ainsi que Montagne disoit que *l'ignorance & l'incuriosité sont deux bons oreillers pour une tête bien faite.* Aussi notre philosophe eut-il le courage de douter sur ce que ses dévanciers ou ses contemporains avoient eu la présomption de décider ; mais son septicisme fut toujours raisonnable, & n'empiéta jamais sur les questions qui ne sont pas de son district, comme celles de l'article suivant.

Je ne saurois trop répéter que je ne fais qu'exposer nuement ce qu'a pensé Gassendi, comme l'on pourra s'en convaincre, si on veut prendre la peine de lire les citations justificatives que j'ai eu soin de joindre à mon texte ; je n'ai extrait de Gassendi que ce qui fait, à proprement parler, son système particulier & la base de

l'Epicuréisme réformé, laissant à l'écart
les questions sur lesquelles les découvertes postérieures à son siecle ont répandu un nouveau jour , & qui seront
probablement plus éclaircies encore
par la génération suivante.

CHAPITRE I.
De l'Ame.

ON peut diviser en trois classes
les opinions des anciens sur l'ame humaine. Les uns croyoient que chaque
ame particuliere étoit une portion de
l'ame universelle, une étincelle déta-
chée de ce feu divin où elle avoit exis-
té de toute éternité, & où elle alloit
se confondre après la mort, dépouil-
lée de toutes ses sensations individuelles. Virgile a développé ce système
dans ces vers : „ Les abeilles (1) par-
„ ticipent à la substance de la divinité,
„ à cette ame universelle répandue en
„ tous lieux dans les airs, sur la terre
„ & dans la mer, & de laquelle non-
„ seulement les hommes, mais encore
„ tout ce qui respire dans l'univers

---

(1) *Esse apibus partem divinæ mentis & haustus ;*
Æthereos dixere Deum namque ore per omnes,
Terras, tractusque maris cælumque profundum,
Hunc pecudes, armenta, viros, genus omne ferarum.
Quem sibi nascentem tenues arcenere vitas, &c.
Virgil. Georg. lib. 4.

„ tire fon origine , c'eft dans cette
„ ame immenfé que fe fait la ré-
„ folution de chaque ame particuliere
„ qui ne meurt point, mais qui s'en-
„ vole au ciel, & qui eft réunie à la
„ fubftance des aftres ".

Tel étoit le fentiment le plus reçu
dans l'antiquité : c'étoit entr'autres celui de Platon, de Pythagore, de Zénon,
des Stoïciens, & de plufieurs autres.

La feconde claffe des philofophes,
comme Dicéarque, Ariftoxene, Gallien, croyoient l'ame une qualité pro-
venante du jeu & de la difpofition de
nos organes, femblable à l'harmonie
qui réfulte de l'accord des inftrumens
de mufique : Cudwort, philofophe
Anglois, a renouvellé cette opinion.

Épicure & fes difciples formoient
la troifieme claffe qui fembloit tenir
des deux premieres. Les Epicuriens
penfoient, avec Platon, Zénon, &c.
que l'ame étoit un fouffle de feu ; &
avec Dicéarque & Gallien, ils faifoient
confifter l'efprit dans une faculté qui
dépendoit d'une certaine combinai-

fon d'atomes. Plutarque nous fait connoître le fyftême Epicurien fur l'ame
par le paffage fuivant, traduction d'A-
miot : „ L'ame eft une certaine tem-
„ pérature de je ne fais quoi de feu, de
„ je ne fais quoi d'air, de je ne fais quoi
„ de vent, & d'un autre quatrieme je ne
„ fais quoi, qui n'a pas de nom " (1).

Il n'y a point d'opinion philofophique fur l'entendement humain, qu'on
ne puiffe ramener à l'un de ces trois
principes généraux dont nous venons
de donner une expofition fommaire.

Nous n'entrerons point ici dans la
queftion de l'ame du monde qui nous
meneroit trop loin, nous nous contenterons d'oppofer à fes partifans l'argument d'Arnobe aux Platoniciens,
que faint Auguftin a (2) développé
depuis, & qui eft peut-être le feul
qu'on puiffe faire valoir contre ce dogme compliqué. „ Comment ne rou-
„ giffez-vous pas, difoit Arnobe, d'ad-
„ mettre un Dieu hétéroclite, un

---

(1) Plutarque, *Traité des opinions philofophiques*, traduction d'Amiot.

(2) Auguft. *De civitate Dei.* lib. 4.

„ Dieu qui fera caduque dans les vieil-
„ lards, imbécille dans les enfans, &
„ furieux dans les frénétiques. O dé-
„ mence! ô impiété " !

On peut répondre aux feconds philofophes qui font de l'ame un réful-
tat de la ftructure & du jeu des organes corporels, qu'il n'y a aucune
comparaifon à faire entre les organes
& l'ame d'une part, les inftrumens &
l'harmonie de l'autre; chaque corde
d'un inftrument de mufique produit
par fes vibrations fonores, cette harmonie qui charme nos oreilles; mais
les fibres dont nos organes font tiffus,
foit qu'on les prenne enfemble ou fé-
parément, font incapables de produire
aucune chofe qui reffemble aux facultés de l'efprit : qui pourroit s'imaginer
par exemple, qu'un mufcle pût donner une moitié ou un quart de réflexion, de même que la corde d'un
violon rend un demi-ton, un quart
de ton.

La *Pfychologie* d'Epicure s'eft repro-
duite fi fouvent, & fous des formes fi

variées, qu'elle feule mérite un examen & une réfutation férieufe. Nous allons voir, avec Gaffendi, combien elle
eft erronée ; & quoique les argumens
allégués par ce philofophe contre Epicure foiént très-folides, nous y en join-
drons encore d'autres empruntés de
M. Jacquelot ou d'autres bons auteurs.

Démocrite avoit d'abord fuppofé
que les atomes ou les parties élémen-
taires de la matiere étoient douées de
la faculté de penfer. Ainfi, dans cette
hypothefe, une pierre, une plante, un
vil excrément font compofés de parties penfantes. Epicure fentant le ridicule de cette opinion, foutint que
les atomes ne penfoient point par eux-
mêmes, mais que leur affemblage dans
un certain ordre que nous nommons
organifation, pouvoit produire une
intelligence qui fubfiftoit tant que ces
atomes confervoient la même difpofition, & qui périffoit par leur défunion.

Mais, a-t-on répondu à Epicure, fi
l'ame étoit un amas de corpufcules
d'air, de feu & de fang bien quintef-

fentiés; fi ces corpufcules avoient quelque faculté fenfitive ou intellectuelle,
il s'enfuivroit que la matiere en général pourroit connoître & fentir. Epicure n'admettoit point cette conféquence; mais il ne voyoit pas qu'il im-
pliquoit contradiction d'avancer que
des atomes deftitués de tout fentiment,
de toute perception par eux-mêmes,
puffent acquérir ces facultés étant dans
un certain arrangement, puifque des
parties infenfibles, il n'en fauroit réful-
ter rien de fenfible, & que l'être ne
fort point du néant.

On ne pourroit d'ailleurs, donner
aucune raifon fuffifante pour que telle
portion de matiere eût le privilege
d'avoir des idées privativement à toute
autre partie de matiere. L'ordre &
l'arrangement dés atomes ne don-
neront jamais que des fituations & des
combinaifons, lefquelles ne pourront
qu'affecter les qualités extérieures des
corps fans influer en aucune façon fur
leurs propriétés intrinfeques.

Si je veux enfuite mettre en paralleſe les attributs de l'entendement humain avec ceux de la matiere, je crois qu'ils ſont très-diſſemblables entr'eux. Tout ce que la matiere offre à mes yeux, ſe réduit aux trois dimenſions de la longüeur, largeur & profondeur. Je deſcends en moi-même, je réfléchis ſur la nature de mes connoiſſances, & je trouve qu'aucune de ces choſes que j'ai apperçues dans les êtres matériels n'eſt appliquable à la façon de penſer. Je ne vois aucun rapport entre une ligne droite, courbe, elliptique, & l'affirmation, le doute & la volonté. Rien d'analogue entre un cercle & un jugement, un triangle & la raiſon, un périmetre quelconque & l'entendement humain; il n'eſt point de corps d'ailleurs, qui ne m'offre des parties diſtinctes & ſéparées, & je ſens combien il répugne de dire une portion de penſée, un tiers de réflexion.

L'ame, ſelon Epicure, eſt compoſée d'un certain nombre d'atomes; examinons ſon raiſonnement. L'ame ſera donc formée de vingt atomes, plus

ou moins : Chacun de ces corpuſcules
coopere en ſon particulier à l'entendement humain, où il n'y coopere
pas. Dans le premier cas, voilà donc
vingt particules de matiere qui auront chacune de leur côté, une idée,
chaque particule ſera occupée de ſa
fonction ſans pouvoir partager ni même connoître la fonction de la par-
celle voiſine ; puiſqu'elles ſont différentes entre elles, leurs opérations
différeront conſéquemment : l'une
voudra, l'autre ne voudra pas ; l'une
affirmera, l'autre niera. Or, je laiſſe à
penſer ſi un jugement, une réflexion
pourra jamais éclore de ce chaos de
perceptions diſparates : Juger, c'eſt
comparer deux idées enſemble, pour
en conclure le rapport ou la différence : or, pour faire ce rapport, il faut
ſentir les deux idées à la fois ; cependant, dans l'hypotheſe préſente, chaque atome ne peut avoir qu'une ſeule
& même penſée : où donc trouver le
point de réunion des deux idées ? A
quel atome ſera accordée la préroga-
tive

tive de porter un jugement ? Sera-ce
aux atomes du milieu, ou aux atomes
collatéraux ? Mais pourquoi les uns
plutôt que les autres ! Ce ſera donc
une confuſion & une anarchie éternelle parmi cette petite république
penſante : or, chacun ſent s'il éprouve
pareille choſe au dedans de lui, lorſqu'il veut porter un jugement.

Si chacun de ces vingt atomes que
nous avons dit compoſer l'ame dans
l'hypotheſe épicurienne, ne met rien
du ſien dans l'exercice des facultés intellectuelles, & qu'il n'y en ait qu'un
ſeul qui en ſoit chargé, la même difficulté ſubſiſtera toujours à l'égard de
cet unique atome ; car quoiqu'il ſoit
un numériquement, il eſt néanmoins
une collection de parties qu'on peut
diviſer mentalement, quoiqu'on ne
puiſſe les diviſer réellement, à cauſe
de la nature de l'atome qui ne donne
aucune priſe aux corps étrangers.

Je ſuppoſe donc pour un moment
que mon ame eſt un atome, & je raiſonne ainſi : J'entends un homme qui

H

me parle, & en même-temps je vois sa figure & ses traits. Quand l'atome de mon ame n'auroit que deux parties, chacune d'elle. ne pourra éprouver ces sensations en même-temps, parce que l'une n'est pas l'autre. La partie A verra, & la partie B entendra, ou la partie A entendra & la partie B verra : la partie A ne pourra composer sa sensation avec celle qu'elle n'a pas. La partie B sera dans le même cas, elle ignorera même si sa compagne à ressenti quelque chose. Or, je compare aisément ces deux impressions différentes que mes sens me transmettent à la fois ; donc le principe qui reçoit & qui compare ces deux idées doit être parfaitement simple & parfaitement *un* ; donc il est de sa nature sans parties & sans extension : donc il est spirituel ? Mais, dira-t-on, un point zénonique n'est-il pas sans étendue ? Qui pourra l'empêcher d'avoir la faculté de penser ? La matiere peut donc être susceptible de pensée.

Il est vrai que le point zénonique

n'auroit rien en lui-même d'exclusif
à la penſée : mais l'exiſtence de ce
point eſt démontrée chimérique. Il
faut en effet renoncer aux notions
les plus ſimples pour s'imaginer que
la matiere dont l'étendue fait un attribut primitif & eſſentiel, puiſſe être
compoſée d'élémens qui n'ayant ni
étendue, ni partie, ne ſçauroient conſéquemment ſe toucher, ni s'unir les
uns aux autres. Au reſte, quand on
accorderoit que Dieu, par ſa toute
puiſſance, peut rendre cet élément
de matiere ſimple & penſant, la tranf-
création de cet élement le rendroit
entiérement conforme à ce que nous
entendons par la ſpiritualité.

Quelques ſatisfaiſantes que paroiſſent les raiſons qu'on vient de déduire,
certains eſprits ne les goûtent pas.
» A la vérité, diſent-ils, nos connoiſ-
» ſances ne ſont ni quarrées, ni oblon-
» gues, mais la gravitation & le mou-
» vement ne le ſont pas, & ces deux
» principes ſe trouvent néanmoins
» réunis à l'étendue. Que de nouveaux

» attributs le physicien ne decouvre-
» t-il pas chaque jour dans la ma-
» tiere ? » Que de vertus singulieres ne
» nous offrent point l'électricité & le
» magnétisme ! on en voit plusieurs
» qui paroissent incompatibles ensem-
» ble dans le même sujet ; mais cette
» incompatibilité apparente ne sub-
» sisteroit peut-être pas à notre égard,
» si nous venions enfin à découvrir
» une propriété générale dont les
» autres pussent se déduire. Avant que
» de décider si la pensée & l'étendue
» peuvent subsister ensemble ou non,
» attendez du moins qu'on aye décou-
» vert toutes les propriétés de la ma-
» tiere dont le domaine s'accroît si fort
» de jour en jour. Alors il sera permis
» de rendre raison de toutes les pro-
» priétés qui ne paroissent pas tenir
» les unes aux autres, & de remonter,
» par une liaison graduelle & démon-
» trée des différens modes, jusqu'à cet
» attribut essentiel & primitif qui est
» la source de tous les autres, & qui
» est la cause générale du systême du

» monde. Mais jufqu'à ce moment
» gardez-vous bien de décider rien
» fur la nature de lame, puifque vous
» ne pouvez nier votre ignorance
» profonde fur cette matiere. D'ail-
„ leurs, vous n'êtes pas en droit de
» me reprocher des contradictions,
» parce que je foutiens qu'une fubf-
» tance peut être corps & penfer en
» même-temps. Les contrariétés ne
» font pas mieux fauvées dans votre
» fyftême ; car, comment concevoir
» un être fur qui rien ne peut agir,
» & qui n'agit fur rien ? Un être qui
» ne peut occuper aucune place,
» & qui fe trouve cependant dans
» le corps humain. Ainfi, difficultés de
» toutes parts : or, contradictions pour
» contradictions, qu'importe laquelle
» domine ? Dans ma façon de penfer,
» j'ai du moins le mérite de ne point
» multiplier les êtres fans néceffité,
» & fans raifon fuffifante. J'aime mieux
» croire que l'entendement humain
» eft une fimple faculté furajoutée
» à la machine d'une maniere qui paffe

» ma pénétration, que d'en faire
» un être à part, & de réaliser de pu-
„ res abstractions ; je suis bien loin d'i-
„ miter les poëtes qui personnifioient
„ les vertus & les passions ; encore
„ plus loin de la simplicité de certains
„ idiots qui attribuoient une ame &
„ une intelligence à la pierre d'aimant
„ & aux autres phénomenes dont ils
„ admiroient les effets, sans pouvoir
„ en pénétrer les causes.

Ce raisonnement pourroit éblouir
au premier coup d'œil ; mais le pres-
tige cesse, si on vient à l'examiner
de près : est-ce une raison pour refuser d'admettre une substance distinc-
te de la matiere, que de ne pouvoir
comprendre comment cette substance
est unie au corps & agir sur lui ?
A chaque pas on trouve des mysteres
dans la nature ; & quel est l'homme
qui refusera d'y acquiescer, sous pré-
texte qu'il n'en comprend par les raisons ? Ce seroit raisonner tout aussi con-
séquemment que si l'on disoit, je ne
ᵇ   ᵉ   ᵉᵉᵉ   enir que le pain se transf-

forme en chile, parce que je ne conçois pas comment le bled peut germer
dans la terre.

Il eſt vrai que les merveilleux effets de la gravitation, de l'électricité
& du magnétiſme confondent notre
intelligence ; cependant on n'apperçoit dans tous ces phénomenes qu'un
principe aveugle, paſſif, purement
méchanique, qui ne ſçauroit entrer
dans aucune ſorte de comparaiſon
avec un principe qui connoît, délibere
& agit librement. Dira-t-on en effet,
que le feu électrique, raiſonne & que
l'attraction réfléchit, que l'un & l'autre ont une motion ſpontanée ?
D'ailleurs, tout mouvement ſe diviſe,
ce qui ne peut-être appliqué à la
faculté de penſer, à moins qu'on ne
veuille faire voir une moitié & un
cinquieme d'entendement humain : il
n'eſt donc pas néceſſaire de connoître
la nature intime d'un ſujet pour affirmer ou nier la liaiſon de deux attributs dans le même ſujet ; il faut
encore prouver la *non répugnance* de

ces attributs pour les supposer dans la même substance ; or, on ne peut concevoir un être étendu & pensant en même-tems, pas plus qu'une figure ovale & pentagonale tout à la fois: donc , &c. &c.

Il est bien aisé de démontrer ce que l'ame n'est pas ; mais il n'est pas si aisé de faire voir ce qu'elle est par la seule lumiere naturelle. On prouve par des raisonnemens qui frappent, qu'elle n'est pas matiere ; mais conçoit-on, d'une autre part, que quelque chose puisse exister sans avoir aucune des dimensions de la matiere ? On n'expliquera jamais comment une idée qui est la représentation d'un objet étendu (1) peut être le mode d'une substance sans parties. On ne sçaura jamais la raison , qui fait qu'une idée (1) peut offrir une figure sans être

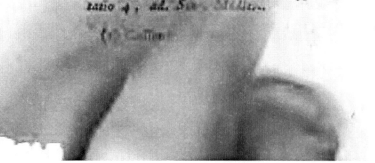

(1) *Species est extensa aut inextensa. Si extensa quidem tum corporea contentisque suum subjectum extensum : si inextensa , tum non habet rationem speciei...* Gassendi , **Dubitatio** 4 , ad . S . . . . . .

(1) . . . . . .

être figurée ou une couleur fans être
colorée. Ce feroit encore de la philofophie perdue que de prétendre
expliquer comment l'ame peut fe
trouver dans le concours des nerfs
& reffentir les impreffions qu'ils lui
tranfmettent, tandis que cette ame ne
peut avoir ni mouvement, ni repos,
ni figure, ni fituation, (1)

Ce n'eft pas la feule difficulté qu'on
aye à dévorer dans la fuppofition que
l'ame puiffe occuper une place fixe
dans le cerveau ou dans la glande
pinéale, fi elle n'a en même tems des
parties correfpondantes aux parties
du lieu qu'elle occupe : fi petit que
l'on faffe (2) cè lieu, il a toujours une
dimenfion, & un efprit de fa nature
ne peut exifter que dans un point
où il n'y a ni haut, ni bas, ni côté droit,
ni côté gauche. On fe perd dans cet
abyme, quand on veut le creufer, &

(1) *Cum tu in puncto exiftens in quo non funt placæ*
nec à dextera, nec à finiftra, fuperior aut inférior. Gaffendi,
Objeɛ̃. contra Cart.

(2) *Quantulacumque fit illa pars extenfa tamen eft & tu illi*
coextenderis, particulasque particulis illius refpondentes
habes. Ibid.

I

cette *localité* de l'ame a toujours été l'écueil des raisonneurs qui n'ont pas voulu reconnoître que c'étoit un mystere impénétrable à la raison.

Ce n'est pas encore tout : il restera à prouver (1) comment les esprits animaux peuvent se mouvoir eux-mêmes & mettre en jeu toute la machine. Premiérement, ils ne sauroient se mouvoir eux-mêmes, puisqu'ils ne sont que matiere, & que c'est un principe constant que la matiere ne peut se donner à elle-même le mouvement. Sera-ce donc l'ame qui mettra ces esprits en jeu ? Mais l'ame n'a aucunes parties par le moyen desquelles elle puisse toucher & pousser ces

(1) *Ut præteream capi non posse quomodo tu motum illis imprimes si ipse in puncto sis , nisi ipse corpus sis, seu nisi corpus habeas qui illos contingas simulque propellas ; nam si dicas ipsos per se moveri, ac te solummodo dirigere ipsorum motum, memento te alicubi negasse moveri corpus per se ut proinde inferri posses te esse motus illius causam ; ac deinde explica nobis quomodo talis directio, sine aliquâ tui motione esse valeat ? Quomodo contentio in rem aliquam, & motio illius sine contactu mutuò moventis & mobilis ? Quomodo contactus sine corpore, quando (ut lumine naturali est adeo perspicuum) tangere & tangi nisi corpus, nulla potest res.* Gassendi, *Objections & Instances contre les Méditations de Descartes*, qui sont dans le troisieme volume. Edition in-folio de Lyon 1658.

esprits vitaux qu'elle anime : or, la direction des esprits ne se peut faire sans quelque impulsion : si c'est l'ame qui en est le principe, qu'on démontre donc comment elle peut agir sur une autre substance sans une pulsation réelle, & lui communiquer le mouvement, s'il n'y a un mutuel contact entre le mobile & le moteur, puisque la lumiere naturelle nous démontre évidemment qu'il n'y a qu'un corps qui puisse toucher & être touché.

C'étoit ainsi que Gassendi pressoit Descartes. On auroit tort d'en rien conclure contre notre philosophe, dont la pureté des sentimens étoit d'ailleurs reconnue : au surplus il proteste à la tête de ses objections contre Descartes, qu'il n'en veut point aux principes reconnus (1) pour vrais par lui-même, il n'attaque que les *déficit* des preuves Cartésiennes : loin

(1) *Non de rerum veritate sed de argumentorum Vi.. quæ tamen omnia semper objicio non de conclusione à te intentata dubitans, sed ut de Vi demonstrationis à te proposita diffidens.* Gass... *ibidem...* passim.

I 2.

de vouloir ébranler la certitude des dogmes qu'il défendoit, s'il propoſe ſes doutes & ſes difficultés, c'eſt dans des vues droites & louables ; c'eſt pour répandre un plus grand jour ſur la vérité que les conteſtations ne font ſouvent qu'éclairer & affermir davantage.

Notre philoſophe ne pouvoit adopter ce principe de Deſcartes, que la nature de l'ame nous eſt encore plus connue que celle de notre corps : il vouloit humilier cette fiere raiſon uſurpatrice téméraire des droits de la révélation qui veut ſoumettre tout à ſon tribunal, ſe rendre maîtreſſe des premiers principes, & diſputer à la divinité même la viſion intuitive des choſes dans leur eſſence intime. La méthaphyſique eſt impuiſſante à produire en nous un certain degré de conviction ſur la ſpiritualité de l'ame ; il ne lui a point été donné de trouver la ſolution des difficultés qu'entraîne après elle cette doctrine de la ſpiritualité ; ſi nous en avons une cer-

tìtude entiere, nous en fommes rede-
vables à une lumiere infiniment fupérieure. Cependant, quoique de nous-
mêmes nous n'allions qu'en tâtonnant
dans ce fentier ténébreux, quoique
la raifon ne nous fournife que des
preuves vagues & incomplettes fur
ces queftions fublimes, elle nous fait
affez fentir que la penfée & l'étendue
font deux modes infociables; elle
nous fait faire la moitié du chemin,
après quoi elle nous abandonne à la
foi qui vient nous prendre par la
main & nous conduit au terme.

(1) Gaffendi, dans le fecond tome
de fes ouvrages, prouve que l'entendement humain doit être fimple &
fans parties. Rien ne montre mieux
fa fpiritualité, felon lui, que cette fa-
cuité qu'il a de fe replier fur lui-même, pour connoître fes idées, & juger
de fes propres opérations; il n'y a
qu'un efprit qui foit capable de fi
grandes chofes : en effet, l'œil ne voit

(1) Gaffend.. *De animorum immoftalitate phyfica*, feëtio
3a. membrum pofterius. lib. 14, & tome 2, in-fol...
éditio. Lugd...

I 3

pas qu'il voit, & l'oreille n'entend pas qu'elle entend, mais l'ame humaine juge ſes jugemens même. (1)

Et ſeroit-il poſſible de s'imaginer qu'une ſubſtance qui produit cette multiplicité inſtantanée d'actes divers, qui s'élance dans les eſpaces illimités, qui meſure & peſe en quelque façon le ſoleil & les corps céleſtes, qui fait de tout l'univers le vaſte champ de ſes opérations, qui va enfin juſqu'à ſoumettre l'infini à ſon calcul, ſeroit-il poſſible, dis-je, qu'une telle ſubſtance fût d'une nature terreſtre & périſſable.

Voici encore un paſſage de Bernier qui juſtifie parfaitement le ſentiment des Gaſſendiſtes ſur la ſpiritualité de l'ame. Eh Dieu, mon cher, écrivoit-„ il à ſon ami Chapelle, ne ſommes-„ nous pas cent & cent fois tombés „ d'accord enſemble vous & moi que „ quelqu'effort que nous puiſſions fai-„ re ſur notre eſprit, nous ne ſau-

_____

(1) Gaſſend... *Ibidem...* Et Bernier, *de l'Entendement humain*, tom. 6, liv. 4, de *l'Abrégé de la philoſophie de Gaſſendi*, édit. 1684, in-12.

„ rions jamais concevoir comme quoi
„ de corpuscules insensibles il en puis-
„ se jamais rien résulter de sensible,
„ sans qu'il intervienne rien que d'in-
„ sensible, & qu'avec tous leurs ato-
„ mes, quelques petits & quelques
„ mobiles qu'ils les fassent (les anciens
„ Epicuriens) quelque mouvement
„ & quelque figure qu'ils leur donnent,
„ en quelqu'ordre, mêlange & dispo-
„ sition qu'il nous les puissent faire voir,
„ & même quelqu'industrieuse main
„ qui les pût conduire ; ils ne sauroient
„ jamais, demeurant dans la supposi-
„ tion que ces corpuscules n'ont pas
„ d'autres propriétés que celles que
„ je viens de leur attribuer, nous
„ faire imaginer comment il en puisse
„ résulter un composé, je ne dis pas
„ qui soit raisonnant comme l'homme,
„ mais qui soit seulement sensitif com-
„ me le pourroit être le plus vil & le
„ plus imparfait vermisseau de terre
„ qui se trouve.

Si l'ame est une substance simple,
elle est donc indissoluble, immortelle

I 4

par conféquent. D'ailleurs il n'y a
point d'anéantiffement dans la nature;
ce qu'on appelle improprement mort,
deſtruction, n'eſt au vrai qu'une fépa-
ration des parties, le compofé fe dif-
fout, l'élément reſte. Or, notre ame,
comme on l'a prouvé ci-deſſus, eſt
fans aucune compofition; donc elle
eſt indeſtructible, donc elle furvivra à
la diffolution des organes corporels.

(1) Cependant cette immortalité
eſt purement précaire, Dieu feul eſt
immortel, & tout ce qui a eu un commencement paroît devoir finir; ainſi
l'Etre Suprême auroit fort bien pu ne
créer nos ames que pour un temps au
bout duquel ces ames devroient perdre leur exiſtence. On concevroit même facilement cette mortalité des ames
fans aucune annihilation, en fuppo-

(1) *Solus naturæ autor improductus fit, atque idcirco
dicatur, folus habere immortalitatem abfolutam fcilicet illam
quâ impoffibile eſt ut quemadmodum numquam cæpit cau-
jamque fui effe non habet ita numquam definat, fatendum
eſt ut totum mundum ita res in corporeas habere precariam,
dumtaxat immortalitatem at poffe abfolute fiquidem velit
in nihilum redigi verum ex fuppofitione quod nihil molitur
præter naturæ ordinem, & quod fapientiffime inſtituit idem
conſtanter perfeverare. Perfpicuum eſt ut incorporeas in æter-
num perfeveraturas.*

fant que Dieu eût attaché l'exercice
des facultés intellectuelles à l'action
perpétuelle des organes extérieurs ,
dont l'interruption plongeroit l'ame
dans l'inertie. L'ame dans cette hypothefe, fubfifteroit toujours quant à fon
effence; d'ailleurs, elle ne conferveroit
plus aucune fonction ; mais la volonté
divine nous a manifefté le contraire :
c'eft donc en elle qu'il faut chercher
les preuves rigoureufes de l'immortalité de l'ame.

Rien n'eft plus problématique que
le vrai fentiment des anciens philofophes fur ce point important ; fi nous
confultons les plus célebres d'entr'eux,
on ne trouve rien de précis fur l'immortalité de l'ame. Platon & Ariftote
difent fouvent le pour & le contre : (1).
Cicéron reproche à Platon fon incon-
féquence, mais il tombe fouvent lui-
même dans cet inconvénient. Tantôt
il parle des fupplices réfervés dans une
autre vie pour les malfaiteurs, tantôt

(1) *De Platonis inconftantiâ longum eft dicere* Cicer. *De
naturâ Deorum.*

il dit, au sujet de ces mêmes supplices :
„ Quelle est (1) la vieille assez rado-
„ teuse pour y ajouter foi "? Dans ses
épitres, il dit formellement: „Lorsque
„ j'aurai cessé (2) de vivre, je n'aurai
„ plus aucun sentiment ". Séneque qui
en plusieurs endroits parle en faveur de
l'immortalité de l'ame , se contredit
lui-même souvent (3). „ Je serai après
„ ma mort, ce que j'étois avant de
„ naître " , dit-il dans ses lettres.

Le systême de la réfusion de chaque
ame particuliere, dans l'ame universelle, qui étoit si dominant chez les anciens, n'étoit pas moins commode que
l'attente de l'anéantissement pour la
fausse sécurité de l'incrédule. Dans
cette hypothese, chaque ame particuliere perdoit son existence & ses sensations individuelles, en se confondant
dans le grand tout, pour participer à
l'existence commune de ce tout.

(1) *Quæ est anus tam delira quæ ista credat*, Tuscul.
(2) *Cum amplius non ero sensu omni carebo.* Epist.
(3) *Id quale sit jam suo, hoc erit post me quod ante me*
fuit... Ep. 54. Séneque dit encore, *mors est non esse.* On
connoît encore de lui ce vers si fameux:
Post mortem nihil est ipsaque mors nihil.

Malgré tous ces nuages, on trouve des principes très-lumineux dans Platon & dans Cicéron ſur la vie future, & on a toujours fait valoir avec avantage l'argument qui ſuit.

» Quand je conſidere, diſoit Cicéron, cette prodigieuſe (1) activité de » l'eſprit humain, ce ſouvenir du paſſé, » cette prévoyance de l'avenir ; les » arts, les ſciences où il eſt parvenu, » tant de découvertes qu'il a faites ; je » ne puis me perſuader qu'une nature » capable de ſi grandes choſes, ſoit ſujette à la mort «.

Ce n'eſt pas ſeulement par cette faculté que l'ame poſſede d'étendre ſes connoiſſances vers les objets les plus reculés des ſens, que l'on démontre ſa dignité & ſon excellence. Ses affections prouvent, d'une maniere encore plus frappante, ſa haute deſtination. Ce fond de deſirs inépuiſables dans le cœur humain, ces vœux qui ne connoiſſent d'autres bornes que de

(1) *Sic ſenſio cum tanta celeritas animorum ſit, tanta memoria præteritorum futurorum prudentia tot artes, tanta ſapientiæ tot inventa non poſſe eam naturam quæ res eas contineat eſſe mortalem,* Cicer. *de Seneƈt. cap.* 21.

n'en point avoir, cette pente invinci
ble vers la félicité qui le tourmente
fans ceffe, ne font-ce pas là autant de
préfages confolans de l'immortalité ?
„ La preuve la plus fenfible de l'ame
„ que j'aie trouvé, difoit Saint-Evre-
„ mont, c'eft ce defir que j'ai d'être
„ toujours ".

C'eft en effet cet inftinct qui nous
infpire tant d'horreur pour le néant ,
qui met dans le cœur des hommes au
deffus du vulgaire cet intérêt fi vif
qu'ils prennent au jugement de la poftérité, au point de facrifier leurs travaux, leurs veilles, leur fanté au defir
de mériter fon fuffrage.

Je ne puis m'empêcher de rapporter ici ce morceau fi fublime & fi touchant de la tragédie de Caton d'Utique
compofée par le célebre Addiffon.
C'eft une expreffion du fentiment que
la nature femble avoir mis dans le
cœur de l'homme. Voici ce beau mo-
nologue tel que M. de Voltaire l'a
traduit de l'Anglois.

Oui Platon tu dis vrai, notre ame eft immortelle,
C'eft un Dieu qui lui parle, un Dieu qui vit en elle.

Et, d'où viendroit ſans lui ce grand preſſentiment.
Ce dégoût des faux biens, cette horreur du néant.
Vers des ſiecles ſans fin je ſens que tu m'entraînes :
Du monde & de mes ſens je vais briſer les chaînes,
Et m'ouvrir, loin d'un corps dans la fange arrêté,
Les portes de la vie & de l'éternité.
L'éternité ! quel mot conſolant & terrible !
O lumiere ! ô nuage ! ô profondeur horrible !
Que ſuis-je ? Où ſuis-je ? Où vais-je, & d'où ſuis-je tiré ?
Dans quel climat nouveau, dans quel monde ignoré
Le moment du trépas va-t-il plonger mon être ?
Où ſera cet eſprit qui ne peut ſe connoître ?
Que me préſentez-vous abyme ténébreux ?
Allons ; s'il eſt un Dieu, Caton doit être heureux.
Il en eſt un ſans doute, & je ſuis ſon ouvrage :
Lui-même au cœur du juſte il empreint ſon image.
Il doit venger ſa cauſe, & punir les pervers.
Mais comment, dans quel tems & dans quel univers ?
Ici la vertu pleure & l'audace l'opprime,
L'innocence à genoux y tend la gorge au crime,
La fortune y domine, & tout y ſuit ſon char.
Ce globe infortuné fut formé pour Céſar.
Hâtons-nous de ſortir d'une priſon funeſte :
Je te verrai ſans ombre, ô vérité céleſte.
Tu te caches de nous, dans nos jours de ſommeil :
Cette vie eſt un ſonge, & la mort un réveil.

On a cité & combattu ſi ſouvent les objeſtions de Lucrece ſur l'immorta-

lité de l'ame qu'il ſeroit peut-être inutile d'en parler encore ici ; cependant
comme le ſujet ſemble le demander,
voici la plus ſpécieuſe de toutes que
j'ai traduite librement.

„ (1) L'ame naît avec le corps, elle
„ participe à ſon accroiſſement & à
„ ſa caducité : informe dans les années
„ de l'enfance où les organes ſont ſi
„ délicats, elle n'a pour-lors que des
„ idées foibles & bornées ; à meſure
„ que l'âge fortifie les ſens & mûrit la
„ raiſon , les facultés de l'homme ſe
„ développent, le fond de ſes connoiſ-
„ ſances augmente , le jugement ſe
„ perfectionne ; mais dès que la vieil-

(1) *Præterea Gigni pariter cum corpore & una,*
Creſcere ſenſimus pariterque ſeneſcere mentem,
Nam velut infirmo pueri teneroque vagantur,
Corpore ſic animi ſequitur ſententia tenuis
Inde ubi robuſti adolevit viribus ætas.
Conſilium quoque majus & auctior eſt animi vis,
Poſt ubi jam validis quaſſatum viribus ævi
Corpus, & obtuſis ceciderum viribus artus ,
Claudicat ingenium delirat linguaque menſque
Omnia deficiunt atque uno tempore deſunt ;
Ergo diſſolvi quoque convenit omnem animæ
Naturam ceu fumus in altas æris auras
Quandoquidem Gigni pariter pariterque videmus,
Creſcere & (ut docui ſimul ævo feſſa fatiſcit.
Lucret. lib. 3.

,, lesse vient de son bras pesant, miner
,, son foible corps, la raison chancelle,
,, l'homme balbutie, bat la campa-
,, gne, ses sens émoussés tombent dans
,, la langueur, les ressorts de la ma-
,, chine se relâchent; ses facultés l'a-
,, bandonnent & s'éclipsent totale-
,, ment; il est donc naturel de penser
,, que l'ame à notre mort, s'évaporera
,, comme une légere fumée dans le
,, vague de l'air, puisque, comme je
,, l'ai fait voir, elle a des liaisons d'ori-
,, gine avec le corps, & qu'elle par-
,, tage son altération & sa déca-
,, dence ".

C'étoit ainsi que Lucrece croyoit
faire la véritable histoire de l'ame. Son
but est de prouver que tout périt avec
nous; on voit dans son troisieme livre
qu'il a pris à tâche de renverser de
fond en comble toutes les preuves
dont on avoit accoutumé d'étayer l'immortalité: ses objections sont d'autant
plus séduisantes, qu'elles sont toutes tirées de la physiologie,& amenées avec
beaucoup d'art : il y déploie son éner-

gie ordinaire, parée de toutes les richeffes & de toutes les graces de la
poéfie. Le poifon y eft par-tout dé-
layé dans le nectar. Gaffendi paffe en
revue toutes fes objections au nombre de vingt-fept, il en démêle le fort
& le foible; il s'attache fur-tout à faire
fentir la fauffeté des conféquences
dont fon adverfaire prétendoit fe pré-
valoir. Ainfi, de ce que l'ame commence d'exifter avec le corps, il ne
s'enfuit point du tout qu'elle doive pé-
rir avec lui. Rien n'eft plus vrai que
l'ame fe reffent de l'altération ou du
dépériffement des organes du corps
humain; que la différente conforma-
tion des organes caufe l'inégalité des
efprits, que l'air extérieur, les alimens,
le méchanifme des fens; en un mot,
que tout ce qui a rapport au fyftême de
l'organifation, influe confidérablement
fur les fonctions de l'entendement humain, qu'une bleffure à la tête, une
fibre dérangée, & la morfure d'un
chien fuffifent pour troubler la raifon
la plus faine, qu'enfin, il eft des
crifes

crifes dans la vie d'où femble dépendre la fufpenfion ou la ceffation des facultés de l'ame. Ces vérités affligeantes font un contrepoids bien humiliant de la haute idée que l'homme a conçue de fon efprit : Lucrece n'exagere donc rien quand il expofe ces faits ; mais qu'eft-ce qu'il prouve par tout cet étalage? L'union & non pas l'identité de l'ame avec le corps. Dans tout cela, dit Gaffendi, le corps humain n'eft qu'un inftrument : ainfi le muficien ne déploiera jamais la fupériorité de fon art fi fon inftrument eft défectueux ; ainfi un écrivain peindra bien ou mal fuivant que fa plume fera bonne ou mauvaife ; donnez un œil de vingt-cinq ans à un vieillard de quatre-vingt-dix, il verra auffi clairement que le jeune homme.

La phyfiologie heurte fouvent de front la métaphyfique ; mais elle doit fe taire, parce qu'elle ne voit que les dehors, & non l'enceinte de l'ame ; qu'elle fe borne donc à étudier les fonctions organiques ou les fonctions

K

mixtes de l'homme, ſans porter ſes regards téméraires ſur les fonctions purement intellectuelles.

(1) Gaſſendi ajoute enfin ces paroles : „ Quoique les preuves qu'on alle-
„ gue d'ordinaire en faveur de l'im-
„ mortalité de l'ame ne ſoient pas d'une
„ évidence mathématique, elles ſont
„ néanmoins de nature à faire de for-
„ tes impreſſions ſur tout eſprit bien-
„ fait, puiſqu'elles balancent les preu-
„ ves dont on veut étayer l'opinion
„ contraire ; la foi venant enſuite à
„ l'appui de ces probabilités morales
„ & métaphyſiques, elle leur donne
„ une force & une évidence à laquelle
„ on ne peut ſe refuſer ".

La révélation nous fournit cet argument déciſif, s'il y a une vertu & une providence, il doit néceſſairement y avoir une autre vie ; en effet, ſi la vertu & le vice ne ſont pas des chime-

(1) *Profecto ut rationes immortalitati aſtruendæ allatæ mathematicæ evidentiæ ut ſumus initio teſtate non ſint eæ tamen ſunt, quæ non neminem bene affectum permoveant, quæ congeſtis aliis immortalitati propugnendæ præponderent quæ denique ſuperveniente autoritate fidei pondus atque robur ineluctabile optineant.* Gaſſ. T. 2. De animorum immortalite.

res, ni des conventions sociales, il faut que Dieu, en vertu de sa justice & de sa bonté, punisse le crime qui triomphe, & récompense la vertu qui gémit. Or, l'expérience ne prouve ni l'un ni l'autre; & d'ailleurs la religion nous apprend que l'essence du bien & du mal n'est point arbitraire; donc les rétributions du souverain juge sont réservées pour un autre tems: c'est donc à la foi à nous fixer & à changer nos conjectures en démonstrations.

CHAPITRE II.

De la génération de nos idées.

GASSENDI poſe pour premier
ondement de ſa doctrine ſur les idées,
que „ l'ame en venant au monde eſt (1)
„ ſemblable à une table raſe où il n'y
„ a aucun caractere empreint, car
„ ceux qui diſent que l'ame a des idées
„ gravées dans elle par la nature, &
„ que les ſens ne lui ont point tranſ-
„ miſes, ne ſauroient en aucune façon
„ prouver ce qu'ils avancent ". Voilà
le ſyſtême des idées innées coulé à
fond par ce principe.

Toute l'antiquité avoit cru juſques,
à Deſcartes, que *rien n'eſt dans l'intel-
lect ſans avoir été plutôt* (2) *dans le
ſens.* Lorſque Deſcartes eut déclaré
la guerre à Ariſtote, il proſcrivit cet-

(1) *Mentem tabulam* raſilem *in quâ nihil cœlatum depic-
tumve.... Qui dicunt ideas à naturâ impreſſas neque per ſenſus
acquiſitas quod dicunt minime probant... Gaſſ. Inſtitutiones
ogicæ, pars prima, de ſimplici rerum imaginatione.*

(2) *Nihil eſt in intellectu quod non prius fuerit in ſenſu.*

te opinion avec les erreurs de cet ancien ; mais Gaffendi & quelques autres philofophes ont fauvé cette étincelle des cendres du péripatétifme. S'il
y avoit des idées innées, ce feroient
fans doute ces propofitions générales
dites axiomes qu'il fuffit d'énoncer,
pour que l'efprit les concoive & y
acquiefce fur le champ. Telle eft cette propofition : le tout eft plus grand
que fa partie. Cependant perfonne ne
peut porter le jugement énoncé par
cette propofition, fans favoir ce que
c'eft que le tout & la partie, & fans
avoir comparé ces deux chofes ; ces
notions ne peuvent être introduites
dans l'entendement que par le canal
des fens ; & les fens ne peuvent tranf-
mettre que des idées fimples & particulieres, comme, par exemple, une
maifon & fon couvert, un arbre & fes
branches ; ainfi ce n'eft qu'en compa-
rant les idées ou réprefentations fpécia-
les de chacun de ces objets particuliers, que l'efprit pourra prononcer
que le tout eft plus grand que la par-

tie, parce qu'il aura mefuré & rapporté enfemble l'arbre & la branche, la
maifon & le toit : donc les idées (1)
générales font toujours précédées &
formées des idées particulieres. Or,
les idées particulieres ne peuvent venir des objets extérieurs que par l'en-
tremife des fens ; donc il n'y a rien
dans l'entendement qui n'ait été plutôt dans les fens ; donc il n'y a point
d'idée innée.

Il feroit en effet abfurde de foutenir
qu'une abftraction, une idée générale
fût innée dans l'entendement, fans
avoir connu plutôt les idées & les
termes dont cette propofition eft conçue : „ Il vaudroit autant, dit agréa-
„ blement Locke, prouver à un hom-
„ me (2) qu'il a actuellement cent
„ francs argent comptant dans fa po-
„ che, quoiqu'il n'y aye ni louis d'or,

(1) *Cum intellectus nihil poffit nifi per fpecies in phan-*
tafiâ degentes intelligere & fpecies iftæ non imprimantur nifi
fenfibus miniftrantibus & fenfus ipfi nihil quod non fit fingu-
lare percipiant perfpicuum videtur omnem cognitionem à fin-
gularibus inchoare. Gaffend... *Phyficæ,* fectio tertia membrum
pofterius, lib. II *de intellectu feu mente.*

(2) Locke, *Effai fur l'entendement humain,* livre premier,
chap. 3.

„ ni écu, ni aucune piece de mon-
„ noie qui puiſſe former actuellement
„ cette ſomme. "

On cite comme une forte preuve
en faveur des idées innées, le conſentement prompt que l'on accorde à certaines vérités auſſi-tôt qu'on les entend
prononcer ; mais ſi cette preuve eſt
bonne, il n'y aura point de vérité mathé
matique qui ne ſoit innée , puiſqu'on
les retient ſeulement à la ſeule expoſition qu'on en fait. Il en eſt de même
des principes des autres ſciences.

„ Mais , dit-on , ces connoiſſances
„ n'ont beſoin que d'être développées,
„ l'ame les porte en naiſſant «. A cela
l'on répond que ſi l'ame en étoit originairement pourvue , il faudroit qu'on
pût en découvrir quelques traces dans
elle-même, car il ſeroit ridicule de dire
que ces connoiſſances exiſtent dans
l'entendement *incognito*, à moins qu'on
ne veuille ſoutenir qu'une choſe eſt &
n'eſt pas en même-tems dans un même lieu. Mais une marque certaine
que ces notions qu'on ne veut que

développer, n'exiſtent en aucune maniere dans l'entendement, c'eſt que
l'homme a beſoiń d'acquérir ces connoiſſances prétendues innées ; & l'expérience, d'accord avec la raiſon, prouve qu'il ne les acquiert que par les
facultés que Dieu lui a accordées
pour cet effet.

» Mais, dira-t-on encore, pourquoi
» tous les hommes s'accorderoient-ils
» unanimement ſur certaines opinions,
» s'ils ne les trouvoient empreintes
» dans leur ame. Ces opinions peu-
» vent varier, quant aux apparences,
» mais le fond eſt toujours le même.
» Il faut néceſſairement que la nature
» les ait elle-même gravées dans leur
» eſprit, puiſqu'ils les reçoivent tous
» d'un conſentement général.

Il n'y a point au monde de vérité
ſur laquelle les hommes ſoient plus
conſtamment d'accord que celle-ci:
Six & trois font neuf, neuf & trois font
douze. Or, les Cartéſiens diront-ils
que ces principes ſi clairs ſont nés
avec nous ? S'ils en viennent là, les
maîtres

maîtres de mathématiques ne leur auront pas beaucoup d'obligation ? or, fi
des vérités auffi fimples que celles-là
ne font point gravées originairement
dans notre efprit, comment d'autres
vérités moins évidentes feroient-elles
innées ?

Mais par furabondance de droit,
on a encore prouvé aux Carthéfiens
que tous les hommes conviennent de
ces principes qu'on fuppofe innés. Si
ces caracteres primitifs imprimés
dans les ames humaines, n'étoient enfuite méconnus que parce que des
hommes aveuglés ou prévenus les ont
dénaturés, ils s'enfuivroit que ces
principes devroient briller dans toute
leur pureté chez les enfans, les foux
& les imbécilles ; un voyage qu'on
peut faire aux enfans trouvés, aux petites maifons & aux hôpitaux fuffiroit
pour convaincre de la fuppofition
chimérique des idées innées; & la feule analogie dans ce point, comme dans
tous les autres, détruiroit tous les argumens Carthéfiens. Néanmoins on

L

répétera ici les raisonnemens victo-
rieux de Gaffendi fur ce fujet.

» (1) Les idées innées devroient
» paroître avec d'autant plus d'éclat
» dans les enfans, qu'elles n'auroient
» encore pu être altérées par aucun
» mélange de préjugé & de fophifme :
» prenons-les donc dans le fein de
» leur mere. Bien loin que l'embryon
» puiffe avoir aucune notion innée,
» il ne paroît pas même qu'il puiffe
» penfer à quelque chofe ; il ne peut
» en effet avoir aucune idée de la lu-
» miere, ni d'aucune chofe qui foit
» dans le ciel & fur la terre, ni de fon
» ame, ni de fon corps ; les penfées
» du fœtus ne peuvent avoir pour
» objet rien de ce qui eft au dehors
» ni au dedans de fa coëffe ; il eft
» tout au plus borné aux fenfations
» que lui caufent la foif & une fi-
» tuation commode ou incommode.
» Or, que le fœtus aie des penfées qui
» fe fuccédent fans intervalle, c'eft ce

(1) Gaffendi, *Object.... & inftantia contra Renat... Cart.*
med... Ce paffage, ainfi que le fuivant, eft entiérement pris
de Gaffendi.

» que je ne conçois point : fi vous êtes
» plus clairvoyant que moi, vous n'a-
» vez qu'à le prouver ; mais la raifon
» & l'expérience ne féront pas de vo-
» tre côté. Je n'irai donc point vous
» faire des queftions importunes, ni
» vous prier de me dire fi vous vous
» reffouvenez des idées que vous avez
» eues avant que de venir au mon-
» de, ou les premiers mois qui ont
» fuivi votre naiffance? Et fi vous me
» répondez que vous en avez perdu
» le fouvenir ; vous ne pourrez du
» moins me contefter que dans ce
» temps-là vos penfées, fuppofé mê-
» me que vous en euffiez, ne fuffent
» bien foibles, bien obfcures & pour
» ainfi dire nulles. «

Tel étoit le raifonnement que Gaffendi objectoit à Defcartes; & pour
prouver combien l'intelligence humaine dépendoit, pour fes fonctions,
du cerveau, il alléguoit encore la
preuve fuivante. Gaffendi reprochoit
à fon adverfaire qu'il donnoit la queftion pour réponfe, & qu'il évadoit

l'argument; car, disoit-il, »(1) puisque
» le cerveau n'influe point sur la facul-
» té de penser, il est naturel de croi-
» re que dans une léthargie, l'ame
» aura des idées d'autant plus parfai-
» tes que le cerveau n'influe point
» alors sur ses opérations : ainsi l'ame
» se trouvera alors dans cette situa-
» tion heureuse où elle pourra jouir
» d'elle-même, & sera dégagée du corps
» grossier qui la captivoit : combien
» doit-elle désirer cet état de liberté
» où elle peut contempler sans trou-
» ble & sans nuage les objets qu'elle
» connoît, sans être offusquée par les
» vapeurs grossieres qui s'élevent des
» sens. Je laisse à ceux qui ont plus de
» sagacité que moi à décider si les
» choses vont de même dans une
» syncope «.

Selon notre philosophe, il n'est pas
possible de (2) concevoir qu'un homme
absolument perclus de tous ses sens,
pût avoir quelque idée : il est même

(1) *Ibidem.*
(2) *Ibidem.*

évident que cet homme ne vivroit point, s'il étoit privé du sens du tact qui est répandu dans toutes les parties du corps, & qu'on peut appeller le sens de l'existence.

Puisque ces principes généraux qu'on soutenoit innés, ne sont pas connus des personnes qui sont dans l'état que nous venons de dire, lesquelles forment une partie considérable du genre humain ; c'est donc sans raison, comme sans vérité, qu'on allegue que tous les hommes les comprennent & y acquiescent aussi-tôt qu'on les prononce devant eux. Ce consentement général, quand bien même il seroit vrai, ne fourniroit aucune preuve aux Carthésiens ; car, puisque les hommes acquiescent à ces propositions générales dites *axiomes*, aussi-tôt qu'il les entendent prononcer, il est clair qu'il les ignoroient auparavant ; car ils n'auroient pas eu besoin d'accorder leur suffrage à des propositions qu'ils auroient précédemment connues ; ils auroient ré-

pondu avec raifon qu'on ne leur ap-
prenoit rien de nouveau, & que toutes ces explications étoient inutiles.

„L'homme eſt né, objecte-t-on,
„ avec la capacité d'avoir des idées «.
Rien n'eſt plus vrai : mais ce feroit
changer totalement la thefe que de
confondre fes principes, avec les
moyens de les acquérir. Ainſi un
homme eſt né fans bien, mais la nature lui a donné le moyen d'en acquérir, puifqu'elle l'a pourvu de bras
& de mains pour cet objet : mais de
ce qu'un homme eſt né avec des
mains, en conclura-t-on qu'il eſt né
avec une fortune ?

On n'eſt pas plus avancé à dire que
l'ame en venant au monde porte les
germes de ſes connoiſſances ; car,
qu'eſt-ce que ces germes des connoiſ-
fances, finon des connoiſſances ébau-
chées ? Qu'on nous faffe donc voir
ces connoiſſances que l'ame tire de
ſon propre fond, & pour lefquelles
le miniſtere des fens eſt inutile. Il
n'y a point de vérité au monde que

l'entendement humain ne connût sans l'entremise des organes, s'il portoit en lui-même des principes qu'il tînt uniquement des mains de la nature. C'est à cette occasion que Gassendi badine Descartes, qui sans doute poussé à bout par son adversaire, avoit avancé que les (1) aveugles nés peuvent avoir connoissance des couleurs. Dans quelles bizarreries ne jette point un système que la raison désavoue !

Si Dieu avoit gravé de son propre doigt quelques notions dans nos ames, ces notions primordiales y paroîtroient visiblement; car Dieu ne faisant rien en vain, comment auroit-il gravé ces caractères sans qu'on pût les voir ? Pourquoi auroit-il fait dépendre ces notions des organes extérieurs ? Tout ce qui émane de l'être souverain doit porter l'empreinte visible de sa main toute-puissante, & puisque ces connoissances sont gravées dans le cœur de tous les hommes, chaque individu doit les distinguer sans peine;

(1) *Ibidem.*

L 4

car qui dit gravé ou imprimé annonce des caractères nets & visibles à tout le monde ; c'est la signification que ces termes importent avec eux. Or, comme nous l'avons déja fait voir plus haut, il s'en faut de beaucoup que tout le monde y life ces caractères prétendus innés.

Certains disciples de Descartes ont avancé que Dieu avoit tracé dans nous ces caractères d'une manière implicite. Mais cette proposition est bien hasardée, pour ne rien dire de plus. Je suppose qu'un Cartésien donne une boîte ou une montre à graver, & que le metteur-en-œuvre les lui rapporte en lui disant qu'il a gravé ces bijoux implicitement ; je demande si le défenseur des idées gravées implicitement, se paieroit de la gravure implicite de ses bijoux ?

Les Carthésiens mitigés se sont bornés au principe suivant, le seul qu'ils aient reconnu inné. Voici ce principe développé avec beaucoup d'art

dans un ouvrage très-eftimé. (1) » Il
» n'y a pas de propofition plus clai-
» re que celle-ci : *je penfe*, *donc je*
» *fuis*, & l'on ne fauroit avoir au-
» cune affurance évidente de cette
» propofition, fi l'on ne concevoit clai-
» rement ce que c'eft qu'exifter; fi l'on
» ne peut donc nier que les idées de
» l'être & de la penfée font dans l'en-
» tendement, je demande par quels
» fens extérieurs ces idées y ont-elles
» été produites ? Sont-elles lumineu-
» fes ou colorées pour y être entrées
» par la vue d'un fon grave ou aigu,
» pour y être venues par l'ouïe, d'une
» bonne ou mauvaife odeur, pour y
» être entrées par l'odorat, de bonne
» ou mauvaife faveur, pour y être ve-
» nues par le goût, froides ou chau-
» des, dures ou molles, pour être en-
» trées par l'attouchement? Si l'on dit
» que ces idées font formées de quel-
„ ques images fenfibles qu'on nous
„ dife quelles font ces images fenfi-
„ bles dont on prétend qu'elles ont
„ été formées.

(1) *Logique de Port-Royal.*

Cet argument si démonstratif en apparence, & qui en a long-temps imposé, ne paroîtra qu'un paralogisme, étant rapproché à la lumiere de Gassendi.

Mais avant que d'exposer les réponses qu'on a faites, & les conséquences qu'on prétendoit tirer de cet argument, il ne sera pas hors de propos d'entrer dans quelques explications préparatoires. Descartes avoit établi la théorie de l'ame sur ce fondement, que nous pouvons bien douter de l'existence de tous les objets qui nous environnent, mais non pas de celle de notre ame. Il suppose que par la permission divine, le ciel, la terre & tous les corps environnans sont des êtres purement phantastiques; tout ce qu'on apperçoit, tout ce qu'on sent, n'est qu'un enchaînement de prestiges dont le diable est l'auteur: les sens sont faux & illusoires; ainsi Descartes commence par récuser ces témoins suborneurs, il se dépouille de toute prévention & de toute notion anticipée & ne reconnoît plus rien pour vrai. Voilà par quels degrés il parvient à cette sublime découverte : *je pense, donc je suis*, & s'applaudit lui-même de cette espece de révélation qui étoit réservée à son esprit privilégié. Ses disciples triomphans exaltent cette vérité comme le seul principe fécond & lumineux d'où émanent nos autres connoissances ; mais cette lumiere nouvelle pourroit bien n'être qu'une lanterne sourde qui n'éclaire qu'eux-mêmes.

Puisque Descartes pensoit que chaque homme pouvoit aisément se convaincre de sa doctrine sur l'ame, il falloit se borner à un raisonnement clair & précis, tiré de la nature des deux substances, & démontrer que l'idée de la pensée ne renferme pas celle de l'étendue. Pourquoi recourir à des idées innées ? Pourquoi poser son système sur un fondement aussi suspect que ces hypotheses ingénieuses ? Pourquoi rejetter le temoignage des sens ? Ce philosophe assuroit qu'il

vouloit fe mettre à la portée de tout
le monde; mais quel eft l'homme du
peuple difpofé à écouter un philofophe qui lui dira que pour s'affurer de
la diftinction de fon ame & de fon
corps, il faut qu'il croie que le ciel, la
terre, fa maifon, fa famille, en un mot,
tous les corps peuvent n'être que
des illufions diaboliques ? Il y a apparence que c'eft ce fondement de car-
théfianifme qui choqua les Meffieurs
du faint Office, lorfqu'ils mirent le
livre des *Méditations* à l'index. Peut-
être ils crurent que Defcartes étoit
une efpece de magicien, & que pour
être fon difciple, il falloit commencer
par fe donner au diable.

Cependant s'ils avoient eu le talent ou le goût d'approfondir la méthode de Defcartes, ils n'auroient pas
été fi prompts à la condamner. Ils
auroient vu qu'elle ne pouvoit partir
que d'un génie prefque furnaturel;
mais telle eft la condition de l'efprit
humain, dont la foibleffe ne fe déce-
le fouvent mieux que dans les plus

grands hommes. Quel sujet de réflexion pour un philosophe, qu'un
homme comme Descartes aie médité
pendant dix ans pour découvrir une
vérité aussi commune & aussi triviale
que celle-ci : _je pense, donc je suis_, &
que ce même Descartes, par une contradiction singuliere, aie voulu donner pour innées des idées qu'il avoit
été dix ans à trouver.

Gassendi étoit bien éloigné d'éta-
blir les connoissances fondamentales
de l'esprit humain sur des idées si bi-
zarres. Il ne goûtoit point ce principe
qui conduisoit à démentir nos sens &
à douter de l'existence de l'univers.
Quelque sage & utile que soit le doute méthodique inventé par Descartes,
on peut dire cependant que ce grand
philosophe a été moins heureux dans
l'application que dans l'invention de
ce système. Ce doute cesse d'être raisonnable, lorsqu'il s'étend sur des objets confirmés par le rapport constant
& uniforme de tous les sens. Ce n'est
plus alors le septicisme, qui ne pres-

crit l'indéciſion que dans les queſtions
obſcures & contentieuſes ; c'eſt le
vrai pyrrhoniſme qui révoque en doute
les choſes les plus claires & les plus
évidentes. Voilà le préambule de Gaf-
ſendi contre Deſcartes : il ne perd pas
de tems à lui prouver ſon exiſtence ;
vérité ſi ſenſible & en même-tems ſi
difficile à prouver par le ſeul raiſonnement. Par cela même, qu'elle eſt trop
ſenſible, il entre tout de ſuite en lice
pour combattre cet *Achille*, cet argument prétendu invincible dont nous
avons vu une brillante application
dans la logique de Port-Royal.

„ (1) Je me flattois, dit Gaſſendi à
„ Deſcartes, de découvrir une vérité
„ nouvelle qui fut la ſource de toutes
„ les autres, lorſque je tombai ſur ce
„ paſſage de vos méditations où vous
„ faites ſi fort ronfler cet argument :
„ *je penſe, donc je ſuis.* Bon Dieu, m'é-
„ criai-je ! voilà donc cette merveil-
„ leuſe découverte qui exigeoit de ſi
„ profondes recherches , & un ſi

_____

(1.) J'ai traduit mot à mot ce long paſſage de Gaſſendi
tiré du commencement de ſes objections contre Deſcartes.

„ grand appareil de preuves! Si quel-
„ qu'un avant ce tems-là, vous eût fait
„ cette question: Existez-vous Descar-
„ tes? Vous n'auriez su que répondre,
„ & vous auriez demandé quelques
„ semaines & quelques mois pour vous
„ convaincre de votre existence,
„ avant que de satisfaire à cette ques-
„ tion: vous n'en avez point dites-
„ vous une certitude métaphysique,
„ c'est-à-dire, fondée sur le raisonne-
„ ment; mais qui dit certitude, dit
„ quelque chose d'assuré. Tout ce qui
„ est susceptible de quelques degrés
„ de plus d'assurance, cesse d'être cer-
„ tain; ou cette nouvelle méthode n'a-
„ joute rien de plus à la preuve de vo-
„ tre question, ou cessez de nous dire
„ que vous en avez une certitude ".

„ Mais sans insister davantage sur
„ cet article, examinons votre objet.
„ Quoique personne ne puisse vous
„ contester le fond de la question, vous
„ ne croyez cependant pas pouvoir
„ vous la persuader pleinement, si vous
„ n'avez recours à des preuves choi-

»-fies, & qui vous foient particulie-
»res. Voyons préfentement fi elles
»font concluantes : *je penfe, donc je*
»*fuis*, dites-vous ; c'eft à merveille ;
»mais avez-vous oublié votre princi-
»pe fondamental, qui eft de regarder
»comme faux ou incertain tout ce que
»vous auriez précédemment connu ?
»Vous faites profeffion de renoncer
»à toute notion anticipée, à tout pré-
»jugé ; (fi toutefois on peut vous paf-
»fer que votre nouvelle opinion ne
»ne foit pas elle-même un préjugé) ;
»de ce principe que vous venez d'é-
»tablir, vous devez déduire l'enchaî-
»nement des conféquences qu'il vous
»refte à nous démontrer... Venons
»donc à votre raifonnement : *je penfe,*
»*donc je fuis* ".

   » Premiérement, c'eft un pur ha-
»fard que cette propofition fe foit of-
»fert à votre efprit, plutôt qu'une au-
»tre. Elle ne peut naître de votre ju-
»gement, puifque vous avez plus haut
»renoncé à tout jugement, & cette
»propofition : *je penfe, donc je fuis,*
                                énonce

» énonce un jugement réel de votre
» part, qui fait le premier point dont
» vous parlez. Ainfi le principe & tou-
» tes fes conféquences ne feront jamais
» le fruit de vos réflexions ".

„ Je penfe, dites-vous, mais la pen-
» fée doit avoir un objet. A quoi pen-
» fez-vous donc? Eft-ce au ciel, à la
» terre ou à votre perfonne? Mais fui-
» vant votre premiere thefe, que vous
» n'avez point abandonnée, tout cela
» n'eft qu'une illufion. Votre idée fera
» donc illufoire, de même que toutes
» les autres idées fubféquentes.

„ Mais encore, qu'entendez-vous en
» difant je penfe? Vous connoiffez-vous
» vous même? Il y a apparence, puif-
» que vous dites *je* : favez-vous fi vous
» exiftez ou non? Si vous le favez,
» vous avez donc une notion antici-
» pée, ce qui eft contre votre hypo-
» thefe; fi vous ne favez pas que vous
» exiftez, comment faurez-vous que
» vous agiffez, puifque l'action pré-
» fuppofe l'exiftence? Vous ne pou-

M

„vez donc savoir si vous pensez, puis-
„que penser c'est agir.

„D'ailleurs, quand vous dites, je pen-
„se, c'est comme si vous disiez, *je suis*
„*pensant*. Vous êtes le sujet, & la pensée
„est l'attribut : or, vous ne pouvez pas
„dire, je suis pensant, sans déclarer en
„même-temps que vous existez ; ainsi
„l'antécédent & le conséquent ne se-
„ront jamais qu'une même raison ,
„par conséquent, vous ne faites qu'é-
„prouver une proposition par la mê-
„me proposition. Il est aisé de voir
„par tout ce qui précede, que vous
„voulez démontrer une chose évi-
„dente par un raisonnement captieux ;
„non que ce raisonnement ne soit très-
„juste en lui-même, mais dans votre
„hypothese il porte sur un principe
„faux “.

Quoique ce passage soit un peu
long & abstrait, je l'ai rapporté dans
son entier, pour donner une échantil-
lon de la dialectique de Gassendi : on
pourroit encore ajouter que cette
proposition : *je sens, donc je suis*, de-

vroit tout auffi bien être admife que l'autre : *je pense donc, je suis.* Il semble même que la certitude de notre exiftence foit plutôt fondée fur le concours de toutes nos fenfations fucceffives ou fimultanées, que fur le témoignage de la penfée, qui du moins n'eft pas antérieur à celui de la fenfation. On objecte que fi nos fenfations font l'origine commune de nos idées, notre ame fe trouvera par-là réduite à bien peu de chofe, comme fi nous en étions moins fous la main de l'être fuprême, qui pouvant nous communiquer nos connoiffances par toutes forte de voies, a jugé à propos de choifir celle de nos fens, pour exciter dans nos ames ces perceptions d'où proviennent toutes nos connoiffances, celles même du bien & du mal. ,, Ainfi ,, par le mal que nous fentons (1) nous- ,, mêmes, dit M. l'abbé Batteux, nous ,, connoiffons le mal que nous pou- ,, vons faire aux autres, & par la ,, crainte de l'éprouver, la défenfe de

_____
(1) M. l'Abbé Batteux, *Morale d'Epicure.*

» le faire éprouver à autrui.... En
» quels caracteres plus lumineux Dieu
» pouvoit-il graver fa loi & fa jufti-
» ce dans l'efpece humaine ; chaque
» mouvement de notre ame, chaque
» impreffion des objets extérieurs fur
» notre corps & de notre corps fur
» elle eft une méditation ou un déve-
» loppement de la loi naturelle qui
» ordonne le bien & qui défend le
» mal. La loi du bien-être particulier
» devient le code de la fociété, &
» celle du bien-être de la fociété,
» la caution du bien-être particu-
» lier.

En voilà plus qu'il n'en faut pour
détruire les idées innées ; quand on
n'auroit pas d'ailleurs une fi grande multitude de preuves à leur oppofer, il fuffiroit pour battre en ruine ce
fyftême de faire voir, avec Locke,
que l'homme peut acquérir & acquiert
en effet fes connoiffances par toute autre voie, c'eft-à-dire, par le moyen
des facultés que Dieu lui a données
pour cet effet.

Telle eft donc la marche de l'entendement humain, les objets extérieurs agiffent fur nos fens qui font paffer à l'ame les mouvemens ou impreffions qu'ils en reçoivent : ces impreffions ne peuvent jamais être que des repréfentations d'objets fimples & particuliers ; de la connoiffance de ces individus, l'homme paffe à celle des efpeces, des efpeces aux genres, & de-là il s'éleve jufqu'aux idées abftraites & univerfelles. Ainfi l'enfant qui femble d'abord borné à des fenfations, apprend peu à peu à connoître chaque chofe par les termes qu'il entend fouvent répéter, & dont on lui explique le fens. Enfuite il range dans fa mémoire, fous différentes claffes, ces démonftrations qui lui rappellent les chofes qu'elles défignent. A mefure que les organes fe fortifient, l'ame de l'enfant perce les enveloppes ténébreufes de fes fens, elle apprend à fe replier fur elle-même, ce qui eft le premier pas de la réflexion naiffante; elle parvient enfin à former des idées universelles qui sont le vrai partage de la raison humaine, laquelle acheve de se mûrir & de se perfectionner par le secours de l'expérience, qui n'est autre chose qu'une collection multipliée de sensations.

Si l'analogie nous éclaire sur l'origine de nos idées, elle ne nous apprend pas la maniere dont elles se forment dans l'entendement : entre toutes les opinions que les philoso-phes ont proposées sur la génération de nos idées, on en distingue trois principales.

La premiere est celle d'Epicure qui soutenoit, d'après Démocrite, qu'il se détachoit continuellement de la surface des objets extérieurs, des images de ces mêmes objets qui produi-soient toutes ces perceptions dans notre ame, ou plutôt qui étoient elles-mêmes ces perceptions. Ainsi tout s'opéroit, selon lui, dans l'entendement humain, par le moyen de ces simula-cres voltigeans qui émanoient sans cesse du tissu des corps environnans,

& dont nos fens étoient en quelque façon le refervoir : cette hypothefe, fi elle eft romanefque, eft du moins brillante.

La feconde opinion eft celle de Hobbes & de quelques autres qui ont expliqué de cette maniere la nature de la fenfation : Les corps extérieurs frappent l'extrêmité de l'organe dans lequel circulent les efprits animaux, c'eft-à-dire, des globules ignés qui font dans un flux continuel & une rapidité inconcevable, L'ébranlement communiqué de l'un à l'autre de ces globules s'étend par une ferie de vibrations continuées jufqu'au timbre du cerveau où l'autre extrêmité de l'organe va aboutir, & de la répercuffion de ce timbre naît le fentiment : mais comment ces philofophes prouveront-ils qu'un nerf percuté & répercuté, produife de lui-même la fenfation qui ne fauroit être une modalité de la matiere, non plus que la penfée ?

Le troifieme fyftême eft celui de

Descartes & de ses disciples qui sentant les difficultés extrêmes qu'il y a
de concilier l'impression des organes
avec une substance simple & sans
parties, ont eu avec raison recours
au créateur ; ainsi c'est Dieu lui-même
qui produit dans notre ame toutes
les opérations dont l'action des organes n'est qu'une cause occasionelle.
A la vérité on leur a répondu que
cette solution étoit, comme on dit, *è*
machina Deus, & qu'il ne falloit pas
une science profonde pour dire que
c'est Dieu qui fait tout : mais ce parti est le plus modeste, & par conséquent le plus sûr dans tout ce qui est
au delà du *nec plus ultra* des connoissances humaines.

L'apperception ou réflexion est
cette faculté de l'ame qui venant à
se replier sur elle même, tire de son
propre fond toutes ses opérations,
sans le secours des organes. Cependant on doit remarquer que l'ame dans
la réflexion n'est pas absolument in-
dépendante des sens, quoiqu'elle ne

se

ſe ſerve pas de leur entremiſe actuelle pour produire ſes actes, elle ſe ſert des idées (1) ſenſibles comme de degrés, pour s'élever par le moyen de la réflexion juſqu'à ces objets ſublimes où les ſens ne ſauroient atteindre, enſorte qu'il n'y a point d'idée ſi abſtraite ni ſi relevée, qui n'aie des liaiſons d'origine avec quelques-uns de nos ſens.

(1) *Utitur intellectus ſpeciebus phantaſiâ perceptis tamquam gradibus ut ratiocinando aſſequatur ea quæ ſine ſpeciebus phantaſmiſve intelligit. Gaſſ. Phyſic. ſect. 3a. lib. 1 re.*

N

CHAPITRE III.

De la Volupté d'Epicure.

LE s êtres ſenſibles agiſſent ſur notre ame de deux manieres par la voie
des ſens ; par la premiere, ils y exci-
tent des idées, & par la ſeconde, des
affections. Ces deux branches collaté-
rales naiſſent des ſenſations comme de
leur ſouche commune, & ſe ramifient
à l'infini.

On entend par ce mot d'affection,
une ſorte d'inſtinct, ou un mouvement naturel qui porte chaque être
vivant à rechercher ce qui eſt ami de
ſon exiſtence, & à fuir ce qui lui eſt
contraire. Cet inſtinct eſt produit dans
nous-mêmes, ſans nous-mêmes & ſouvent malgré nous-mêmes.

La ſatisfaction qui naît du beſoin
rempli, eſt ce qui conſtitue le plaiſir.
Pour nous donner une idée juſte du

beſoin & du plaiſir, les philoſophes citent ordinairement l'exemple d'un homme tourmenté d'une ſoif violente qui avale une liqueur fraîche ; la première ſenſation eſt le beſoin, la ſeconde eſt le plaiſir.

C'eſt une vérité de fait avouée de tout le monde, que tout être ſentant ne ſe détermine à aucun acte que ſelon ſon plus grand plaiſir. On a répété & expliqué ſi ſouvent cette maxime dans tant de livres échos les uns des autres, qu'il ſeroit très-déplacé de s'appeſantir ici ſur les preuves d'un principe trop clair pour avoir beſoin d'être prouvé. Chacun n'a qu'à réfléchir ſur lui-même & ſur les motifs déterminans de toutes ſes démarches, pour ſe convaincre que le plaiſir eſt, pour ainſi dire, l'ame de notre ame, qu'il eſt, à ſon égard, ce que le mouvement eſt aux corps, & que de même que ceux-ci perſéverent dans leur inertie naturelle, lorſqu'ils ne ſont point excités par aucune impulſion étrangère ; ainſi ſans le grand mobile du plaisir, l'homme seroit plongé dans une léthargie éternelle. Il ne se porteroit à rien, il ne voudroit ni boire, ni manger, ni multiplier son espece, son état, en un mot, ne différeroit point de celui des végétaux.

(1) Voici un argument d'Aristote touchant le plaisir. „ Tout ce que l'a- „ nimal appete, est un bien par lui- „ même, ce qu'il desire avec le plus „ d'ardeur, doit être le souverain bien : „ or, tout ce qui respire, appete avec „ beaucoup d'ardeur la volupté ; „ donc la volupté doit constituer le „ souverain bien ".

On demande ce que c'est que le plaisir ? Il semble naturel de répondre qu'il est fait pour être senti & non pas analysé; cependant on peut distinguer, avec Gassendi, le physique & le moral du plaisir. Ce philosophe disoit, avec les (2) Epicuriens, que le physique du

(1) *Ut in omnibus rebus id quod appetitur bonum est, ita quod summe appetitur esse oportet summum bonum... Atqui voluptas hujusmodi est, igitur eam esse summum bonum oportet.* Aristote, cité par Gassendi, *Ethicæ, liber primus de felicitate.*

(2) Cassend. *Physicæ*, sectio 3a. memb... post lib. 10 *appetitu & affectibus animæ.*

plaifir eft ce fentiment agréable qui réfulte de l'impreffion de certains efprits ou atomes très-fubtils & très-doux de leur nature, qui par leur chatouillement affectent délicieufement notre cœur. La douleur, au contraire, eft produite par l'irritation de certains efprits rudes & piquans qui froiffent le cœur. Ce vifcere fe refferre à l'approche de ceux-ci, fe dilate quand les premiers agiffent fur lui : felon les mêmes Epicuriens, le plaifir confifte dans une certaine température ou équilibre des efprits, & la douleur dans leur dérangement ou leur ofcillation.

Qu'eft-ce que le moral du plaifir ? Socrate l'avoit défini une (1) *volupté fans peine*; Epicure difoit, *corps fans douleur, ame fans trouble*. Les plus grands adverfaires d'Epicure n'ont garde de démentir cette maxime, furtout dans la pratique, & fi l'on vouloit approfondir fans préjugé les divers fentimens des philofophes fur ce point important, on pourroit les ra-

(1) Gaff. *Ibid.*

N 3

mener tous à ce principe commun de l'influence néceffaire de nos plaifirs fur toutes nos actions.

Puifque le cœur humain n'a point d'autre levier, il ne s'agit que de lui donner la raifon pour point d'appui. Or, la raifon nous démontre que fans les aufpices de la vertu, le plaifir fort de fa fphere, & va directement contre fon but.

Mais qu'eft-ce que la vertu ? Les Stoïciens la plaçoient dans les extrêmes, les vrais Epicuriens dans le milieu.

Zénon dénaturoit l'homme en le concentrant dans une efpece d'infenfibilité que fon état ne comportoit point : Epicure fe mettoit au niveau de la nature humaine dont il connoiffoit le foible, il ne vouloit pas anéantir les paffions; il n'afpiroit qu'à les régler. Quand il difoit que la félicité & la vertu font deux fœurs inféparables; il entendoit par vertu l'art de modérer fes paffions fans exclure les plaifirs. On avoit cru pendant long-tems que ce philoſophe n'admettoit d'autres plaiſirs que ceux de la débauche. Gaſſendi fait voir le contraire, & c'eſt la différence notable qu'il y avoit entre Ariſtippe & lui. Le dernier ne prêchoit que les plaiſirs des ſens ; l'autre, au contraire, n'entendoit que les plaiſirs de l'eſprit. Gaſſendi (1) cite pluſieurs paſſages de Cicéron, de Sénéque, de Lactance, de ſaint Jérôme, de ſaint Grégoire de Naziance & de Gerſon, pour faire voir qu'il ne falloit donner d'autre interprétation à la volupté d'Epicure, que l'idée des plaiſirs honnêtes & permis.

L'on conçoit aiſément par l'expoſé que l'on vient de faire, qu'Epicure tenoit un juſte milieu entre Ariſtippe & Zénon. Ariſtippe & ſes diſciples reſſembloient à des malades aveuglés ſur leur état, & qui ne veulent s'aſſujettir à aucun remede ; Epicure preſcrivoit & obſervoit un régime exact, n'affichoit point le charlataniſme, & ne prétendoit point guérir radicalement les

(1) Gaſſend. ibidem, & dans ſa vie d'Epicure.

N 4

maux du genre-humain ; il conseilloit
le remede palliatif du plaisir qui pris
avec précaution, pourroit, ce me semble, être comparé à l'opium qui,
quoique mortel de sa nature, peut
néanmoins, étant sagement administré,
suspendre nos douleurs, & répandre
un calme enchanteur dans tous nos
sens.

Les Stoïciens, au contraire, se flat-
tant de vaincre par leur sagesse aus-
tere, les maladies incurables de la nature, ne ressembloient pas mal à certains Empiriques qui prétendent guérir les maux de l'humanité, avec du
sublimé corrosif : la question du plaisir
mene naturellement à celle du bonheur. On a agité long-temps en quoi
consistoit le solide bonheur : à prendre
ce mot dans toute son étendue, il
n'est pas douteux que le bonheur ne
se trouve que dans celui-là ,, seul en
,, qui réside toute la plénitude de la
,, joie, & à la droite duquel il y a des
,, plaisirs sans fin ". Mais si on entend
par ce mot de bonheur, la situation qui

doit procurer le plus de ſatisfaction à l'homme, la queſtion eſt encore in-déciſe.

Les anciens philoſophes ont long-tems diſputé ſur le bonheur; ſaint Au-guſtin comptoit *deux cens & quatre-vingt ſyſtêmes* différens ſur ce ſeul ar-ticle. Les uns le faiſoient conſiſter dans les plaiſirs, d'autres dans les ri-cheſſes, d'autres dans les honneurs, d'autres dans la philoſophie. „ Ils „ auroient fait tout auſſi-bien, dit „ Locke,(1) de diſputer entr'eux ſur le „ goût le plus délicieux des poires, „ des prunes & des abricots, & de ſe „ diviſer ſur ce point en autant de ſec-„ tes; car, comme la bonté de ces „ fruits eſt relative à la différente con-„ formation des palais, de même les „ cauſes morales de la félicité varient „ ſuivant les goûts différens des hu-„ mains ".

Chacun ſe fait donc des ſyſtêmes particuliers de bonheur analogues, à ſa maniere de penſer. Quoiqu'il n'y

_____
(1) Locke, *Eſſai ſur l'entendement humain*, lib. 2.

aie point de fentiment uniforme & dominant fur les caufes efficientes du
bonheur, tout le monde tombe d'accord de ce principe fondamental de
la volupté épicurienne dont nous avons
déja parlé : *corps fans douleur, ame
fans trouble.* Il n'eft perfonne au monde qui n'aie fort à cœur la conferva-
vation de fa fanté, perfonne qui ne
cherche à s'affranchir ou à fe diftraire
des miferes inféparables de la condition humaine. On voit même des
hommes qui préferent l'intérêt de leur
repos à celui de leur fanté, perfuadés
que le bien-être ne fe trouve que dans
une certaine quiétude d'efprit que
rien n'altere.

Selon l'opinion populaire, le bonheur parfait confifte dans une fuite
non interrompue de fenfations volup-
tueufes; mais outre qu'un pareil bonheur eft un être de raifon, il n'eft pas
concevable, quand bien même il feroit poffible, qu'un homme qui auroit
vécu dans des délices continuelles,
eût la moindre idée du vrai plaifir :

ce n'est que par son absence & son retour, ce n'est que par des momens contrastés de travail & de repos, de volupté & de douleur, qu'on peut connoître le prix d'un état heureux.

Le tableau des misères humaines est trop frappant pour vouloir le déguiser. „ L'homme, dit Rousseau, est un „ miroir de douleurs ": c'est ce qui faisoit dire aussi aux anciens que „ Pro- „ methée avoit détrempé dans ses lar- „ mes le limon dont il pâtrit la race „ humaine; d'autres pensoient que les „ Dieux étoient ivres de Nectar, lors- „ qu'ils formerent l'homme ". Que de maux extérieurs ou intérieurs assiegent notre vie !

Malgré tous ces obstacles qui s'opposent à notre félicité, il est pourtant certain „ que nous y pouvons (1) „ quelque chose ", comme l'a remarqué M. de Fontenelle. Si nous avons soin de simplifier nos besoins, de retrancher nos desirs, & d'observer exactement toutes les loix sociales,

(1) M. de Fontenelle, *Traité du bonheur.*

nous ſommes déja avancés dans la carriere du bonheur.

Deux mots d'Horace renferment
dans leur préciſion , la ſubſtance des
vrais moyens de parvenir au bonheur ;
matiere d'ailleurs ſi rebattue dans tant
de traités volumineux. Voici comment
j'ai eſſayé de rendre les vers de cet
ancien poëte à ce ſujet.

(1) Ne s'étonner de rien, c'eſt, tout conſidéré,
　　Du ſolide bonheur le ſeul gage aſſuré.

Que de ſens ne renferment point ces
deux mots ſi ſimples , *ne s'étonner de
rien : nil admirari* ! L'homme qui aura
une fois bien pénétré la profondeur de
cette maxime ne ſe tourmentera plus
à rechercher péniblement hors de lui
le ſecret du bonheur que la nature a
mis dans ſes mains. Il ſaura apprécier
la fortune , ne ſe laiſſera point éblouir
par l'éclat de ſes faveurs ; il découvrira
aiſément les maux réels déguiſés ſous
ces ſurfaces trompeuſes de contente-

(1) *Nil admirari prope res eſt una, numici
　　Solaque quæ poſſit facere ac ſervare beatum.* Horat...

ment. Il ne regardera que comme des infiniment petits, & qu'avec un souris de compassion, tous ces êtres qui ne cherchent qu'à se guinder sans cesse sur les échelles de l'orgueil & des prétendues grandeurs humaines. Rien ne l'étonnera, & il sera préparé d'avance à tout événement : *Nil admirari.*

Il aura soin principalement de se préserver de toute sensibilité excessive, & de s'envelopper selon la maxime d'un ancien, du manteau de son indifférence. C'est le grand point de la morale du philosophe ; ,, & tel est ,, dit M. d'Alembert (1) le déplorable ,, état de la condition humaine, qu'il ,, faut presque toujours renoncer aux ,, plaisirs pour éviter les maux qui en ,, sont la suite ordinaire. Cette insipi- ,, de existence qui nous fait supporter ,, la vie sans nous y attacher, est l'ob- ,, jet de l'ambition & des efforts du ,, sage : & c'est en effet, tout mis en ,, balance, la condition que notre si-

(1) M. d'Alembert, *Mélange de littérature*, &c. *Morale de philosophie.* tome 4.

„ tuation préſente doit nous faire
„ deſirer le plus. Encore la plupart
„ des hommes ſont-ils aſſez à plaindre
„ pour ne pouvoir pas, par leurs ſoins,
„ ſe procurer cet état d'indifférence
„ & de paix. "

Ce ſeroit néanmoins mal interpréter
le ſentiment des philoſophes, que de
s'imaginer qu'en nous recommandant
le calme de l'indifférence, ils aient
voulu nous livrer à l'inaction totale
des ſens; ils n'ont prétendu nous inſ-
pirer que l'éloignement de ces plaiſirs bruyans qui privent l'ame de la
jouiſſance d'elle-même, pour nous rappeller à cette volupté pure que l'on
goûte dans l'étude, & pour nous in-
troduire dans ce temple de la ſageſſe
dont parle Lucrece, dans lequel on
coule des jours ſerains : c'eſt dans ce
port aſſuré que l'en contemple à loiſir les naufrages de ces malheureux
humains qui vont échouer chaque
jour contre les écueils de l'ambition;
c'eſt-là qu'on apprend à connoître &
à écarter, autant qu'il eſt poſſible, ces

ténebres & ces dangers qui environnent notre foible exiftence.

Ceux qui font moins touchés des
réflexions que des exemples, ne peuvent pas en choifir un de plus illuftre, que celui de Madame de Mainte-
non, pour réduire à leur jufte valeur,
les idées du vulgaire fur l'effence du
vrai bonheur. La fortune fembloit
avoir épuifé fes faveurs fur elle. Selon l'opinion commune, elle devoit
être au comble de la profpérité & de
la joie. Cependant elle avoue, dans
fes lettres, qu'elle n'y tient plus, &
qu'elle voudroit être morte, tant l'en-
nui qui devore les grands eft affreux,
& tant il y a de vuide dans les prof-
pérités humaines.

Ce peu de réflexions n'eft qu'un
fimple développement des fentimens
de Gaffendi fur cette matiere, auxquels
on a cru pouvoir joindre quelques
paffages pris des plus illuftres auteurs.
Si d'ailleurs on veut avoir une jufte
idée de la morale de Gaffendi, on en
trouvera le germe dans les maximes

ſuivantes d'Epicure, qu'il ne ſera pas inutile de rapporter ici, en ſuivant la traduction qu'en a donnée M. l'Abbé Batteux, avec les notes qu'on y a joint.

La jeuneſſe n'eſt point une raiſon pour différer d'embraſſer la philoſophie, ni la vieilleſſe pour ceſſer de la ſuivre, puiſqu'il n'eſt point d'âge indifférent pour ſe procurer la ſageſſe de l'ame : dire qu'il n'eſt point temps de ſe livrer à l'étude de la ſageſſe, ou dire qu'il n'en eſt plus temps, c'eſt dire qu'il eſt trop tôt ou trop tard pour travailler à ſon bonheur ; on doit s'attacher à cette étude, quand on eſt jeune, afin qu'en vieilliſſant on rajeuniſſe toujours par le ſouvenir d'une agréable conduite.

Il faut donc nous occuper de ce qui peut faire notre bien-être, puiſque nous avons tout dans le bien-être, & que quand ne nous l'avons point nous faiſons tout pour y parvenir.

Ce n'eſt pas la quantité, mais le goût, qui fait le mérite des viandes. Il

en

en eſt de même de la vie : ce n'eſt point par ſa durée, mais par les ſatisfactions dont on a joui, qu'il faut en apprécier la valeur.

On a dit mal-à-propos que le premier bonheur étoit de n'être pas né, & le ſecond de mourir auſſi-tôt qu'on a vu le jour. Si le prétendu ſage qui a avancé cette maxime, en étoit bien convaincu, que ne quittoit-il lui-même la vie ! car on le peut quand on veut : s'il plaiſantoit, c'étoit un ſot ; car on ne plaiſante point ſur une matiere ſi grave.

Par la connoiſſance exacte des deſirs & de leurs objets, on ſait ce qu'il faut fuir & rechercher pour la ſanté du corps & la paix de l'ame. Deux choſes qui conſtituent notre bonheur : *Corps ſans douleur, ame ſans trouble.*

La volupté eſt le principe & le terme du bonheur de la vie, c'eſt le bien eſſentiel où ſe porte notre nature ; c'eſt ſon premier mobile ; c'eſt le ſentiment qui eſt la pierre de touche pour

O

tout ce que nous appellons bien. Il y
a des cas où nous rejetterons des
grands plaiſirs, quand, par exemple,
ils feront ſuivis de plus grandes peines.
Il y en a d'autres où nous embraſſe-
rons de grandes & longues peines,
quand elles feront ſuivies de plus grands.
plaiſirs.

Ainſi, quoique tout plaiſir ſoit un
bien en ſoi, parce qu'il convient à notre nature, il y a pourtant des plaiſirs.
qu'il faut ſe refuſer de même, quoique toute douleur ſoit un mal en ſoi:
il y a néanmoins des douleurs que
l'on doit embraſſer; c'eſt à la raiſon
à peſer les inconvéniens & les avantages.

Nous regardons la modération comme un grand bien, non pour nous faire une regle de nous contenter de
peu, mais afin que nous puiſſions
nous y borner quand nous n'avons
rien de plus, parce que nous ſommes.
perſuadés qu'on jouit d'autant mieux,
de l'abondance, qu'on (1) a le ſecret de

_____

(1) Nul n'eſt pauvre de ce qui ſuffit : ancienne maxime.

s'en paffer, & que nous favons d'ailleurs que le plaifir, de fa nature, eft à
la portée de tous les hommes, & que
celui de la fantaifie eft de difficile
accès. Les mets les plus communs
nous procurent autant de plaifir que
les viandes les plus fucculentes, quand
ils nous délivrent de la douleur attachée au befoin. Le fimple pain, l'eau
pure font des mets délicieux pour qui
attend le moment de l'appétit.

L'habitude de la frugalité nous
donnera une fanté vigoureufe & de
l'agilité pour toutes les fônctions de
la vie; elle nous fera mieux goûter les
repas fomptueux, parce qu'ils feront
rares; enfin elle nous mettra en état de
braver les coups de la fortune.

Quand nous faifons confifter dans
la volupté le fouverain bien, nous ne
voulons point parler des plaifirs grof-
fiers du luxe & de la molleffe, comme on l'a interprété par ignorance,
ou par malice, ou comme l'ont en-
feigné quelque philofophes. Nous l'a-
vons dit, tout fe réduit à avoir le

corps exempt de douleur, & l'ame
fans trouble. Ni les feſtins délicieux,
ni les liqueurs précieuſes, ni les poiſ-
fons exquis, ni la compagnie des
femmes ne peuvent faire le bonheur
de la vie ; on ne peut attendre ce
bonheur que d'une raiſon ſobre qui
dicte le choix des objets qu'on doit
fuir ou rechercher, & qui rejette les
opinions qui portent dans l'ame le
trouble & la terreur. La prudence
fera donc le premier appui de notre
bonheur, cette vertu préférable à la
philofophie même : vertu mere des
autres vertus qui nous apprend qu'on
ne peut être heureux ſans être prudent, honnête & juſte ; & qu'on
ne peut être prudent, honnête & juſte, ſans être heureux. La félicité & la
vertu ſont deux ſœurs qui ne ſe quit-
tent jamais.

Quand on eſt frappé des craintes
qu'inſpirent les fables du vulgaire,
il faut avoir recours à l'étude de la
nature : ſans cette étude point de plaifirs purs. Comme la tranquillité qu'on

peut fe procurer par le moyen des autres hommes ne va que jufqu'à un certain point, il y a un art de s'en procurer une parfaite en foi-même. C'eft de fimplifier fes befoins, de fe dégager de beaucoup de chofes, & de fe contenter de peu.

Les richeffes dont la nature fe contente font bornées, on les obtient aifément ; les autres ne le font pas, on ne les obtient jamais ; le fage laiffe peu de chofe au pouvoir de la fortune, la raifon & la prudence gouvernent ce qu'il y a d'effentiel dans la vie.

L'homme jufte eft le plus tranquille de tous les hommes, l'injufte le moins. Quand une fois le befoin eft fatisfait la volupté ne s'augmente point, elle ne fait que varier.

Celui qui connoît les vrais befoins de la nature, fait combien il eft facile de fe délivrer des maux de l'indigence, & de fe faire des provifions pour toute la vie.

La fuprême volupté eft la délivrance de tout mal ; & la perfection de l'ame quant au plaisir, est l'extinction de tout sentiment qui pourroit lui donner de la crainte.

Les desirs naturels qui ont pour objet les choses dont on peut se passer sans douleur, ne sont violens que parce que l'opinion ajoute à ces choses ce qu'elles n'ont point.

Les desirs auxquels on ne peut se refuser, sans que la douleur s'ensuive, n'ont point pour objet des choses nécessaires; ce ne sont que des appétits désordonnés, aisés à dissiper, surtout si l'objet est par lui-même difficile à acquérir.

De tous les biens que la sagesse procure à l'homme pour se rendre heureux, il n'en est point de plus grand que l'amitié; c'est en elle que l'homme borné, comme il l'est par sa nature, trouve sa sûreté & son appui.

Le droit de la nature s'explique par l'utilité réciproque Quiconque veut vivre sans craindre rien de ce qui est au dehors, ne doit entreprendre que

ce qui eft à fa portée ; il doit regarder comme hors de lui tout ce qu'il ne peut fe donner, s'abftenir de beaucoup de chofes, fur-tout de celles dont il eft inutile de jouir.

Le fage doit avoir des maximes, c'eft-à-dire, des vérités réduites en maximes claires & courtes, pour fervir de regle & d'appui à l'efprit incertain.

Les hommes ne peuvent faire mal aux autres que par envie, par haine, ou par mépris ; le fage fait fe mettre au deffus de tout ce que peuvent faire ces paffions.

Le fage ne ceffe jamais d'être fage quand il eft parvenu à l'être ; il reffent les paffions fans rien perdre de fa fageffe.

(1) Ne devient pas fage qui veut ni dans tous les pays. Le fage eft toujours heureux, même dans les tourmens, quoiqu'il fe plaigne.

Il n'a aucun commerce avec la femme qui lui eft interdite par la loi.

_____

(1) C'eft pour cela qu'un ancien difoit : Je remercie les Dieux de m'avoir fait naître raifonnable & non bête, Grec & non Barbare, homme & non femme, &c.

Il punit ſes eſclaves, mais il fait grace à ceux qui ont un bon caraêtere.

(1) Il n'eſt point amoureux.

Il n'eſt point inquiet de ſa ſépulture.

(2) Il n'a ni femme ni enfans.

Il ne ſe fait point une étude ſérieuſe de parer ſes diſcours.

Il fuit les plaiſirs de l'amour, perſuadé qu'ils ne font jamais de bien, & que c'eſt beaucoup s'ils ne font pas de mal.

Il ne paſſe point les nuits à table.

Il n'eſt ni magiſtrat, ni chef de ſa nation.

Il n'eſt pas cynique, & ne mendie pas ſon pain, comme ceux de cette ſeête.

Que l'on lui crêve les yeux, il eſt encore heureux.

Il peut laiſſer des livres, mais il ne les lira pas dans une aſſemblée publique.

Il aime la vie ruſtique, il veille ſur ſon bien, & prévoit l'avenir.

Il

(1) Epicure, qui calculoit juſte, trouvoit qu'il y avoi plus à perdre qu'à gagner

(2) C'eſt un détail trop embarraſſant, & qui préſente trop de ſurface aux coups de la fortune.

Il eft toujours prêt contre la fortune.

(1) Il choifit pour ami, un caractere gai & complaifant; il aime les fpectacles du théatre, & s'y plaît plus que les autres.

Il fçait que la fermeté d'ame eft une vertu qui s'acquiert.

Il croit que l'amitié eft fondée fur l'intérêt; c'eft une terre qu'on feme : fon lien eft l'utilité réciproque.

Il n'y a que deux fortes de bonheur; le bonheur parfait, qui ne convient qu'à Dieu, & le bonheur de l'homme, qui eft fufceptible du plus ou du moins.

Si le fage a des ancêtres, il place leurs buftes dans fes portiques, ou indifféremment.

Il eft le feul qui juge fainement de la poéfie & de la mufique.

S'il eft dans l'indigence, il tirera parti de fa fageffe.

_____

(1) Et non pas de ces caracteres fombres & mélancoliques, qui n'envifagent jamais les objets que du côté affligeant. On ne peut goûter aucun repos ni aucune douceur avec ces perfonnes.

P

Il félicite ceux qui reviennent à la raison & à la vertu.

Il rendra hommage au prince quand le cas l'exigera.

Il donnera sa vie, s'il le faut, pour son ami.

Il aura des dogmes, & ne mettra pas toutes nos connoissances en problême.

Si vous rejettez le témoignage des sens sans exception, vous vous ôtez à vous-même les moyens de réfuter les sensations que vous croyez fausses ; vous n'avez plus de (1) regle pour vos jugemens.

Il faut bien connoître les fins de la morale, & les avoir toujours présentes à l'esprit, afin qu'on puisse y ramener ses jugemens, sans quoi la vie sera toujours pleine de troubles & d'inutilités.

Telles sont les maximes d'Epicure qu'on regardoit dans (2) l'antiquité

(1) Trois conditions nécessaires pour s'assurer de la vérité de nos sensations qui ne nous trompent jamais, lorsqu'elles en sont accompagnées ; savoir, la bonne disposition de l'organe, la distance raisonnable des objets, & la persévérance dans la même sensation.

(2) *E calo delablas sententias,... maxime ratas sententias.*

comme deſcendues du ciel. Nous ter-
minerons ce chapitre par le tableau
allégorique qu'on a tracé de la volupté
épicurienne. On voit dans ce tableau
la volupté parée comme une reine, &
entourée des quatre vertus cardinales
ſes conſeilleres, qui lui diſent à l'oreille
ce qu'il faut qu'elle faſſe (1).

(1) On voit qu'Epicure recommande principalement la
prudence comme la modératrice de toutes les autres vertus , & que M. de Fontenelle nous peint ayant les jettons à
la main, pour nous faire ſupputer les avantages & les inconvéniens qui peuvent réſulter de chaque démarche.

CHAPITRE IV.

Du Vuide.

LA raifon & l'analogie fembloient avoir dicté à Epicure, que puifque le mouvement exifte, il y a conféquemment du vuide dans la nature. Les défenfeurs du plein, les Carthéfiens furtout, ont cherché à évader cet argument : ne pouvant en attaquer la juftefte, ils ont eu recours à l'exemple des poiffons quife meuvent librement dans l'eau, à caufe de la foupleffe & de la rareté du fluide ; mais Lucrece avoit déja réfuté cette objection d'une maniere invincible.

„ (1) On objecte, difoit ce grand

(1) *Cedere fquammigeris latices natantibus aiunt*
Et liquidas aperire vias, quia poft loca pifces
Linquant, quo poffint cedentis confluere undæ.
Sic alias quoque res, inter fe poffe moveri,
Et mutare locum, quámvis fint omnia plena,
Scilicet id falfâ totum ratione receptum eft.
Nam quo fquammigeri poterunt procedere tandem,
Ni fpatium dederint latices, concedere porrò
Quo poterunt undæ cum pifces ire nequibunt.
Uut igitur motu privandum eft corpora quæque,
Aut effe admixtum dicendum in rebus inane
Ande ini tum capiat primum res quæque moveri.

„ poëte, que les poiffons en nageant
„ fendent avec toute liberté, la plaine
„ liquide, parce qu'à mefure qu'ils
„ avancent, les eaux fe retirent par
„ une prompte circulation dans l'ef-
„ pace qu'ils laiffent derriere eux;
„ d'où l'on prétend conclure la faci-
„ lité du mouvement dans le plein;
„ mais cette conféquence eft fauffe
„ en tout point. Le poiffon éprouvera
„ une réfiftance invincible, ii les on-
„ des ne s'écoulent pour lui laiffer un
„ paffage libre. Et comment les flots
„ pourront-ils céder leur place, s'ils ne
„ trouvent eux-mêmes une libre re-
„ traite? S'il n'y a pas d'interftices dans
„ l'eau qui puiffent favorifer l'action
„ réciproque des particules du fluide,
„ en recevant les premiers globules
„ d'eau qui font pouffés par les autres,
„ le poiffon & les eaux feront donc
„ forcément immobiles, puifqu'il n'y
„ a aucune partie du fluide qui puiffe
„ commencer à fe mouvoir ".

Certains Carthéfiens ont reconnu
l'exiftence de ces interftices néceffai-

res; mais ils ont foutenu en même-tems
que ces petits efpaces étoient remplis
par l'air , qui étant , de fa nature ,
de moindre denfité que l'eau , cede
facilement à ce fluide : il falloit faire
voir en même-tems que les oifeaux
avoient la même aifance en volant,
que le poiffons en nageant; car s'il n'y
a pas de vuide dans l'air, les oifeaux
feront fort embarraffés pour s'y remuer. Qu'ont fait les Carthéfiens? Ils
ont allégué la différente ténuité des
couches d'air dont l'atmofphere eft
compofée; l'expérience démontre que
l'air, après fa raréfaction, occupe un
million de fois plus d'efpace qu'auparavant : or, les globules d'air étant
d'une fubtilité extraordinaire, & d'une
promptitude inconcevable à céder au
moindre choc, & à fe répandre, le
mouvement fe conçoit très-bien dans
le plein.

Voici comment Gaffendi les pour-
fuit jufques dans leurs derniers retran-
chemens. ,, Suppofé, leur dit-il, qu'un

» corps fe (1) meuve dans l'air, fup-
» pofé que pour opérer ce mouve-
» ment, il ne faille pas un efpace plus
» grand que celui que peut occuper
» un filet d'air qui feroit mille fois plus
» pétit qu'une toile d'araignée ; cet in-
» tervalle fi prodigieufement petit,
» mais néceffaire néanmoins pour re-
» cevoir la partie de l'air voifin qui
» fera mû ; cet intervalle, dis-je, eft
» néceffairement occupé ; il faut qu'il
» foit évacué avant que l'air environ-
» nant puiffe s'y rendre ; mais com-
» ment cet air voifin chaffera-t-il ce-
» lui-ci ? Direz-vous que c'eft par un
» mouvement latéral & rétrograde ;
» mais ce prétendu mouvement rétro-
» grade ne peut avoir lieu que la pre-
» miere particule d'air n'ait été pouf-
» fée en avant. Or, celle-ci que nous
» avons fuppofée auffi petite qu'on
» peut l'imaginer, n'aura pu s'avancer,
» faute d'avoir trouvé un vuide pro-
» portionné à fon inconcevable peti-

____

(1) *Phyficæ, feĉtie 1a. lib. 2us. de loco & duratione rerum*
tom. 1. Op. Gaff.

P 4

» teſſe; donc l'air, d'un côté, ne pourra
» pouſſer l'air ambiant; donc il reſtera
» néceſſairement immobile ".

» Mais, direz-vous, ces portions d'air
» ſe raréfient & ſe confondent dans
» un autre air plus reculé : la même
» difficulté renaîtra toujours. Je vous
» demanderai à mon tour ce que de-
» viendront les différentes parties d'air
» qui ſe diſſipent lors de la raréfaction?
» Il faudra de deux choſes l'une; ou el-
» les ſe réfugieront dans des interſtices
» qui ne ſont occupés par aucun corps,
» & alors vous ſerez obligé de conve-
» nir de l'exiſtence du vuide ; ou bien
» elles iront ſe joindre à de nouvel-
» les portions d'air; pour lors, je vous
» prierai de me dire encore que de-
» viendront ces dernieres ? Si elles ne
» bougent point de l'endroit qu'elles
» occupoient avant que l'air voiſin ,
» s'y fût introduit, il y aura deux corps
» en un même lieu, ce qui eſt impoſ-
» ſible. Si vous croyez que ces parti-
» cules aériennes cedent à celles qui
» arrivent, faites-nous voir quelqu'en-

» droit libre où elles puiſſent ſe réfu-
» gier ".

C'eſt donc en vain qu'on oppoſe-
roit l'exiſtence d'un prétendu fluide
imperceptible, répandu par-tout, ſou-
ple & ſans ceſſe agiſſant, qui, péné-
trant les corps, les rend plus flexibles
& plus dociles à la moindre impreſ-
ſion : la mobilité de ce prétendu fluide ne ſuppoſeroit-elle pas d'ailleurs,
l'impénétrabilité de ſes parties élé-
mentaires ? Or, puiſque deux corps
différens ne peuvent partager la mê-
même place dans un ſens exact, il faut
néceſſairement qu'il y ait un vuide in-
térieurement répandu ; on n'eſt pas en
droit de citer la denſité ou la rareté
des milieux, puiſque ce ſeroit encore
donner pour preuve, ce qui eſt en
queſtion ; d'ailleurs cette denſité &
cette rareté ne ſont point des qualités inhérentes au corps, & qu'elles ne
dépendent que du plus ou du moins
de vuide parſemé dans le tiſſu de ces
corps.

Il faut donc que les Carthéſiens

prennent condamnation à l'égard du plein, ou qu'ils admettent une pénétration réciproque des corps, ce qui est contraire à leur nature : ce n'est en effet, que parce que les corps font originairement inépuisables, que l'on conçoit qu'ils peuvent se mouvoir mutuellement.

Rien de plus frêle aux yeux des Gassendistes que les raisons imaginées par les défenseurs du plein, pour expliquer la communication du mouvement. „ Vous voulez savoir, disent- „ ils, où se placera un corps poussé par „ un autre ? N'est-il pas clair que c'est „ dans le lieu qu'occupoit le corps „ voisin qui, mû à son tour, chassera „ le corps suivant, & ainsi de suite. „ Vous voyez donc que le mouve- „ ment s'opere par le transport & le „ remplacement des corps contigus ; „ & ce remplacement réciproque „ vient de la facilité qu'ont les corps „ de céder, les plus foibles & les plus „ mous aux plus durs & aux plus soli- „ des, comme l'air & le feu aux autres

,, corps ". Pour accomplir ce mouvement, ils fuppofent encore un cercle de pulfations fucceffives qui eſt l'image vraie de la maniere de raifonner de ces Meffieurs ; car Gaffendi leur a reproché de n'employer que des cercles vicieux dans leurs argumens, & de revenir, fans s'être fait jour, au même point d'où ils étoient partis, après un long circuit de fubtilités qui ne prouvent rien.

On ne fauroit contefter raifonnablement, répondent les difciples de Gaffendi, que pour donner lieu à ces percuffions ,, réciproques, par lef-
,, quelles les divers corps fe déplacent
,, fucceffivement, il faut fuppofer une
,, retraite libre où puiffe fe loger le
,, dernier corps mû par communica-
,, tion ; autrement ce dernier corps
,, réfiftera à l'avant-dernier ; celui-ci
,, à l'autre, & ainfi de fuite ; de forte
,, que l'impulfion du premier mobile fe
,, trouvera d'abord anéantie ".

C'eft un principe conftant qu'une hypothefe qui mene à l'abfurde, doit

par cela même être rejettée. Or, ſi tout
eſt plein, l'univers doit être un amas de
corps entaſſés, une maſſe très-ſerrée &
très-compacte dans toutes ſes parties;
corps qui, à cauſe de leur liaiſon
& de leur adhérence, doivent oppo-
ſer une réſiſtance continuelle au mouvement; ce qui eſt contre l'expérience, puiſque chacun ſe meut librement
ſans s'appercevoir de la réſiſtance que
ſon corps éprouve dans l'air. Il ſui-
vra encore de cette hypotheſe, que
quand un homme viendroit à remuer
ſeulement le petit doigt, ce foible
mouvement devroit ſe continuer juſqu'aux extrêmités de l'univers, & ſe
propager même à l'infini, puiſque rien
ne ſauroit ſe mouvoir que par le
choc & la tranſlation ſucceſſive des
corps; or, qu'y a-t-il de plus abſurde
que cette conſéquence ?

Si on entend par l'eſpace, la ſurface
des corps, une ſimple qualité relative,
ou l'ordre & la diſtance que l'on obſerve
entre les êtres coexiſtans, & qui ne
ſauroient ſubſiſter ſans eux; ſi c'eſt-là

l'idée qu'on prétend conftituer la nature du lieu, cela peut fe dire pendant tous le tems que les corps demeureront immobiles ; mais l'impoffibilité de concevoir le mouvement n'eft pas levée par cette explication ; car on conçoit toujours la même portion d'Epicure à l'endroit que le corps vient de quitter : & comment quittera-t-il cet endroit, s'il ne trouve un autre réceptacle à côté? Il en faut toujours revenir là. Si le mouvement eft, comme on l'a défini, un *paffage fucceffif* des corps d'un lieu à un autre, on fent alors que l'efpace n'eft pas une fimple relation ou le feul contour des corps ambiants.

Concluons donc qu'il doit y avoir un mélange d'interftices ou de petits vuides difféminés dans l'intérieur du monde, pour recevoir les atomes & les parties des différens corps, & occafionner par ce moyen le mouvement dans l'univers ; & tenons-nous fermes dans ce principe qu'on ne peut fe laffer de répéter parce qu'il eft fans replique „ qu'il

„ faut qu'un lieu ſoit abſolument vui-
„ de de tout corps étranger, pour re-
„ cevoir celui qui vient le remplir ".
N'admettons point une pénétration
contraire à l'idée que nous devons
avoir de la nature, de la matiere, dont
toutes les parties ont la propriété eſſentielle de ſe borner & de ſe réſiſter
mutuellement. C'eſt l'idée qu'emporte
néceſſairement cette vérité univerſel-
lement reconnue, que deux corps ne
peuvent exiſter dans un même lieu ;
pas plus qu'un ſeul corps peut exiſter
en même-tems dans deux lieux diffé-
-rens. Laiſſons donc aux partiſans du
plein la peine de ſécher pour concevoir.

Comment, tout étant plein, tout
a-t-il pu ſe mouvoir? Si une hypotheſe
doit être rejettée parce qu'elle eſt inconcevable, à plus forte raiſon quand
elle eſt dangereuſe par les conſéquences qui en découlent naturellement.
» Or, tel eſt le ſyſtême du plein : le ſeul
» parti que peuvent prendre déſor-
» mais ces Meſſieurs, dít Locke, eſt

» de reconnoître que la matiere eft
» infinie, ce qu'ils n'ofent pourtant
» déclarer ouvertement ; ou d'avouer
» que l'efpace exifte au delà des bor-
» nes du monde ». (1)

Lés partifans du vuide entendent,
par le terme d'efpace pur, une étendue immatérielle & infinie en lon-
gueur, largeur & profondeur, laquelle exiftoit avant la création : c'étoit
comme la table d'attente des productions que Dieu tire de fa toute-puiffance. Les Carthéfiens nient d'abord
qu'on puiffe fe former aucune idée de
l'efpace en général.

» Le vuide difent-ils eft une chime-
» re : car comment fe le repréfenter ?
» Eft-ce une fubftance ou un acci-
» dent ? De l'aveu de fes partifans,
» l'efpace n'eft pas corps ; il n'eft
» donc rien de réel : c'eft une idée
» abfolument abftraite , qui repré-
» fente l'abfence de tout corps, com-
» me quelque chofe de pofitif ; c'eft
» un écart de l'imagination qui con-

(1) Locke, *Effai fur l'entendement humain*, liv. 2, ch. 13.

» fondant l'eſpace avec la diſtançe
» des corps, détache cet eſpace de
» chacun d'eux, & le réaliſe à part,
» quoiqu'il en ſoit inſéparable. «

On répond, en premier lieu à ces
Meſſieurs, qu'il faut bien qu'on aie
quelqu'idée de l'eſpace, puiſqu'on
diſpute ſi fort ſur ſa nature.

Ce qu'il y a de ſpécieux dans cette objection, roule ſur les idées pri-
mitives que les Carthéſiens veulent
donner de là matiere, laquelle ils
confondent avec l'étendue; en quoi
on leur a prouvé combien ils avoient
tort, puiſque l'eſſence & la modi-
fication ſont deux choſes très - diſ-
tinctes(1)»:il faut d'abord exiſter avant
» que d'exiſter de telle ou telle ma-
» niere«. Les corps ne peuvent exiſter
ſans étendue, cela eſt très-vrai; mais
ils ne s'enſuit point que l'étendue ne
puiſſe exiſter ſans corps, puiſqu'elle
leur ſert d'ailleurs de meſure & de
limite.

en.

_____

(1) *Prius eſt eſſe quam eſſe tale.*

En entrant dans une chambre, la premiere idée qui s'offre à l'efprit, eft celle de la diftance qui eft entre les quatre murs, diftance à laquelle on fonge avant que de repréfenter l'air, ou toute autre chofe qui pourroit être comprife dans l'enceinte de cette chambre. On conçoit même que cette étendue pourroit fubfifter, quand bien même l'air en feroit évacué. On peut donc fe repréfenter l'efpace par cette étendue qui renferme & qui borne les êtres corporels.

En fecond lieu, les Carthéfiens demandent fi le vuide eft une fubftance ou un accident; & fans attendre de réponfe, ils ajoutent qu'il ne peut être ni l'un ni l'autre.

Mais fe vanteront-ils de connoître bien pofitivement toutes les fubftances & tous les accidens poffibles ? Quelle raifon ont-ils pour empêcher qu'on ne croie que le vuide foit un être à fa maniere, une efpece de fluide immatériel où tous les corps font plon-

Q

gés. (1) » Locke dit que ſi l'on peut
» prouver que l'eſprit eſt différent du
» corps, parce que ce qui penſe ne
» renferme point l'idée de l'étendue ;
» on peut également prouver que l'eſ-
» pace n'eſt pas corps en donnant à
» celui-ci l'impénétrabilité pour pre-
» mier attribut, l'eſpace & la ſolidité
» étant deux idées auſſi différentes
» entr'elles que l'étendue & la pen-
» ſée. »

: De même que l'on conçoit l'exiſtence des eſprits, quoiqu'ils ne tombent ſous aucun de nos ſens, & qu'on
ne les connoiſſe que par leurs opérations, nous connoiſſons le pur eſpace de la même maniere ; quoiqu'il ſoit
inviſible & impalpable, il ſuffit que
. l'ordre de l'univers le demontre.

Une preuve certaine que nous
avons une idée réelle & poſitive de
l'eſpace, c'eſt que nous comprenons
que le globe terreſtre pourroit changer de place, & nous repréſenter en
même-tems ſon ancienne poſition ,

---

(1) *Eſſai ſur l'entendement humain.* liv. 2 , chap. 13.

& l'endroit où fe trouvoïent fon centre, fon diametre & fes pôles. Si
Dieu vouloit anéantir le foleil, les aftres, la terre, ne pourroit-il pas empêcher qu'aucun corps nouveau fuc-
cédât à ceux qui font déja anéantis ?
Les défenfeurs du plein reftreignent
ici la toute-puiffance divine, qui dans
leur hypothefe n'auroit pu créer cet
univers, fans qu'un autre univers ne
lui fût contigu, déduction naturelle
de leurs principes qui menent à l'opinion de l'infinité du monde, & des
êtres matériels.

Auffi font-ils dans ue étrange em-
barras pour répondre (1) à cet argumens de Lucrece & d'Architas.

» Qu'on fuppofe, dit Lucrece, un
» homme placé à l'extrêmité de l'u-

(1) . . . . *Si quis procurrat adora*
Ultimus ætereas jaciatque volatile telum,
Id validius utrum contortum viribus ire,
Quò fuerit miffum, mavis, longique volare,
An prohibere aliquid cenfes, obflareque poffe;
Alterutrum fatearis enim, fumafque neceffe eft . . .
Aft five eft aliquid quod prohibeat officiatque,
Quominus emiffum veniat finique locet fe,
Sive foras fertur non eft ea fine profecto
Hoc pacto fequar, atque oras ubicumque locaris
Extremas, quæram quid telo denique fiat?
Fiet uti nunquam poffit confiftere finis.

Q 2

» nivers. (Suppofition qu'on ne peut
» nier, dès-lors qu'on reconnoît la
» matiere bornée) Que ce même
» homme vienne à lancer une fleche
» d'un bras vigoureux, quelle route
» fuivra ce trait? Franchira-t-il les limi-
» tes de l'univers, ou trouvera-t-il en-
» core de l'obftacle ? S'il vole au delà
» des bornes de la matiere, il y a donc
» de l'efpace ; s'il ne peut y pencher,
» il y a donc encore des corps, &
» dans ce dernier cas, le monde eft
» infini. »

L'illuftre cardinal de Polignac a
donné cette folution (1) ingénieufe &
fubtile. » Le néant eft au delà de l'u-
» nivers : Lancerez-vous, dit-il, un
» trait dans le néant « ? Il eft à
remarquer combien cette queftion eft
captieufe : *Lancerez vous un trait dans
le néant ?* On pourroit lui répliquer fur
le même ton, en n'affirmant rien :
» Le néant eft-il quelque chofe d'exif-
» tant? Ce qui n'eft rien peut-il oppo-

(1) *Poft mundum nihil eft ; ergo mittefne fagittam in nihilum...* Anti-Lucret.

» ser de la resistance à une fleche». ?

D'autres Carthésiens ont avancé que le trait franchira les limites du monde, quoique le néant se trouve au delà : c'est à eux maintenant à prouver à M le cardinal de Polignac, comment une chose peut-être continuée dans le rien.

Si le monde est borné, & fini, il faut nécessairement qu'il y ait au delà une extension uniforme & incorporelle, qui constitue la nature de l'espace. Si je veux pousser toujours en avant l'idée que j'ai de cette extension, je trouve que je puis la prolonger jusques à l'infini ; d'où je conclus l'infinité de l'espace, puisque les bornes de l'étendue se refusent à ma conception. Car si l'étendue pouvoit être finie, il faudroit que les limites fussent vues au delà d'elles-mêmes : ce qui implique contradiction, puisque dans cette hypothese il y auroit toujours de l'étendue au delà de l'étendue ; donc l'espace est illimité.

L'argument d'Archytas, se refere

beaucoup à celui de Lucrece.» Tranſ-
» portez, dit-il, un homme au bout de
» l'eſpace; que cet homme veuille en-
» ſuite étendre ſon bras, s'il ne le peut,
» qu'eſt-ce qui l'en empêche ? S'il
» étend le bras, il y a donc encore de
» l'eſpace, donc l'eſpace eſt infini. «
Quoique l'eſpace du ſoleil ne ſoit pas
le même que celui où nage la terre,
l'eſpace en général n'en eſt pas moins
indiviſible ; car diviſer un tout, c'eſt
ſéparer ſes parties & les mettre à la
place les unes des autres, ce qu'on
ne peut ſe figurer de l'eſpace pur qui
pénetre, contient & environne tous les
corps en tout ſens & en toute maniere. On ne peut concevoir deux ſuper-
ficies diſtinctes même mentalement
de l'eſpace ; il eſt donc abſolument
indiviſible, & ſon indiviſibilité emporte néceſſairement ſon immutabilité.

» Mais, diſent les adverſaires du
» vuide, ſi l'eſpace étoit comme on
» le prétend un être néceſſaire, im-
» mobile, éternel, & infiniment éten-
» du, il réuniroit toutes les perfec-

» tions possibles, & seroit Dieu, par
» conséquent «.

Cette question a été long-tems
débattue entre Newtton Clarke, d'u-
ne part, Leibnitz & ses disciples, de
l'autre ; enfin, après bien des alterca-
tions la victoire fut adjugée aux
philosophes Anglois, défenseurs de l'espace pur. On peut consulter les pie-
ces justificatives de cette dispute dans
le Recueil de Desmézaux. Clarke fait
voir d'abord que le vice de l'objection précédente vient de ce que l'on
confond communément les idées abs-
traites avec les idées concretes ; l'immense & l'immensité :» Ainsi l'espace
» infini est l'immensité, & non pas
„ l'immense ; tandis qu'un être infini,
„ qui remplit l'espace infini, est
„ l'immense & non pas l'immensité :
„ c'est ainsi que la durée infinie est
„ l'éternité, & non pas l'éternel, au
„ lieu qu'un être infini qui est dans
„ cette durée infinie, est l'éternel, &
„ non pas l'éternité «.

Cette distinction aussi sublime que
solide développe nettement cette vé-

rité ſimple & ſi commune, que Dieu eſt *par-tout*. C'eſt dans le cathéchiſme que Newtton, Clarke &c. ont puiſé le principe fondamental de leur théorie du vuide : *Dieu eſt en tout lieu* ; donc tout lieu exiſta avant comme après la création.

Quoiqu'il n'y ait , à proprement parler, dans Dieu ni de *où* ni de *quand*, il ne peut cependant point ne pas être quelque part : on dit que Dieu eſt *dans lui-même*. Cela eſt vrai, mais dans un ſens métaphyſique , comme ceux qui font cette objection ſont auſſi en eux-mêmes. Puiſque l'immenſité de Dieu remplit tout, ſelon le langage de l'écriture, il faut que ce *tout rempli* ſoit une ſuite, une extenſion & un mode de la divinité ; l'immenſe ne pouvant être ſans l'immenſité : c'eſt dans ce ſens là que les théologiens entendent les eſpaces imaginaires qui ſont au delà du monde ; ce n'eſt pas, ſelon eux, que ces eſpaces n'exiſtent que dans l'imagination , mais ils ne peuvent être conçus que par l'imagination.   On

On cite auſſi en faveur du vuide, ce paſſage de ſaint Auguſtin dans la cité de Dieu : „ Il faut concevoir au „ delà (1) du monde des eſpaces infi- „ nis; oſeroit-on nier, dit un peu après „ ce ſaint Docteur, que la ſubſtance di- „ vine qui eſt préſente par-tout, rem- „ pliſſe ces eſpaces auſſi-bien que no- „ tre monde qui n'eſt qu'un point, eu „ égard à cette infinité ? Je ne crois „ pas qu'on ſe laiſſe aller à de ſi vains „ diſcours «. Le même ſaint dit encore que „ c'eſt dans ces eſpaces que s'oc- „ cupe la toute-puiſſance divine «. C'eſt dans ce dernier paſſage que New-ton ſemble avoir pris le germe de cette idée ; la divinité préſente par-tout, voit & diſcerne toutes choſes dans l'eſpace infini, de la maniere la plus claire, comme dans ſon *ſenſorium* ; ce dernier mot ſignifie cerveau ou or-gane. Leibnitz avoit attaqué cette ex-preſſion ; mais Newton la juſtifia en faiſant voir combien nos langues ſont foibles & imparfaites, & combien il

(1) S. Auguſt. *De civitate Dei.*

R

est difficile de trouver des termes exacts & propres à désigner les attributs & les opérations de la divinité.

Tel étoit le sentiment de Gassendi. Il pensoit qu'on ne peut avoir une idée juste de *l'ubiquité* divine qu'en admettant un espace éternel, infini, dont l'existence est une suite nécessaire de celle de Dieu-même.

Il est donc constant, par toutes les raisons qu'on vient de déduire, que nous nous représentons réellement l'espace, parce qu'en reconnoissant, comme nous sommes obligés de faire, que le monde est fini, ses bornes ne peuvent-être autre chose qu'une étendue homogene & illimitée ; car si elle étoit bornée, ce ne pourroit être que par une extension ultérieure, puisque l'étendue ne peut avoir d'autres bornes que celles d'une étendue voisine ; il s'ensuit que l'espace ne sauroit être borné que par l'espace, ce qui répugne ; l'espace est donc infini.

Quoique Gassendi eût défendu le vuide avec beaucoup d'avantage, cette hypothefe avoit néanmoins befoin de paffer par les mains de Newton. Les découvertes de ce dernier philofophe, portent fur ce principe, qu'il *faut que les corps céleftes* (1) *foient dans des efpaces abfolument vuides :* le vuide eft encore néceffaire dans fa théorie de la lumiere, de la gravitation, &c. Newton nous introduit enfin dans la terre promife; Gaffendi nous mene jufques à fes confins, à travers les déferts immenfes du vuide.

(1) *Oportet fpatia céleftia omnino effe vacua.* Newton.

R 2

CHAPITRE V.

Des Atomes.

ON a long-tems agité, & on agitera encore long-tems, fi les êtres
,, étendus font compofés d'élémens
,, qui ne foient pas étendus, & fi les
,, corps font compofés de maniere
,, qu'on ne puiffe jamais affigner leurs
,, compofans ".

La premiere queftion qui influe entiérement fur l'autre, fait le fujet de la difpute très-connue fur la divifibilité de la matiere à l'infini ; queftion fi obfcure, & qui prête fi fort aux argumentations pour ou contre dont retentiffent chaque jour les bancs au profit ou au détriment de la raifon.

Nous nous contenterons de jetter un coup d'œil rapide fur les quatre principales queftions relatives à ce fujet.

Aristote a soutenu que la matiere étoit divisible à l'infini, non pas *actuellement*, mais *virtuellement*, disoit-il, avec sa clarté ordinaire. Rien de plus frivole d'ailleurs, que cette solution ; la divisibilité d'un corps présuppose nécessairement la distinction réelle de ses parties ; ainsi dans un pied de roi, on distingue douze pouces avant la division de cette mesure.

Zénon pensoit que les corps étoient composés de points sans étendue, auxquels on a donné le nom de points zénoniques. On a répondu qu'il implique contradiction qu'un être étendu soit composé de parties simples, que des élémens qui n'ont ni extension, ni côtés, ni figure, ne sauroient occuper un lieu, former un corps étendu, ni s'unir les uns aux autres. Ils ne feroient que se pénétrer mutuellement ; & quand on en supposeroit des millions joints ensemble, ils se confondroient tous dans le même point sans former aucune contiguité.

Certains défenseurs de Zénon on-

imaginé de faire gonfler je ne ſais comment ces points zénoniques, enſorte
que leur bouffiſſure ſupplée, ſelon
eux, à l'extenſion qui leur manque ;
mais autant en emporte le vent, & on
n'a pas même fait l'honneur à ces philoſophes de vouloir les entendre, parce qu'on a jugé avec raiſon qu'ils ne
s'entendoient pas eux-mêmes.

Deſcartes nous dit que le nombre
des parties dans leſquelles la matiere
eſt diviſible, n'eſt fini ni infini, mais
ſeulement indéfini. Il eſt ſenſible qu'il
a voulu évader la difficulté de la
queſtion, & on a comparé avec raiſon, cette défaite à celle d'un homme
qui, interrogé ſur le nombre d'écus
qu'il auroit dans ſa poche, répondroit
qu'il n'eſt pair ni impair, mais indépair.
Chriſippe avoit fait jadis cette mau-
vaiſe plaiſanterie que Deſcartes a re-
nouvellée, & Plutarque avoit répondu que ce n'étoit pas réſoudre la difficulté, puiſqu'en bonne logique, on
ne pourroit nier le premier membre
d'une propoſition contradictoire, ſans

affirmer en même-temps le fecond.

Enfin Gaffendi & Bernier fuivi des philofophes Anglois ont raifonné de la maniere qui fuit.

» Il eft abfurde de croire qu'un tout » fini & borné de toutes parts, ren- » ferme des parties infinies " ; quel- qués fubtiles diftinctions qu'on oppofe à ce principe, elles ne prouveront ja- mais que les parties font plus grandes que leur tout ; c'eft cependant la conféquence qui dérive du fyftême de la divifibilité à l'infini.

Qui pourra fe perfuader que le pied d'un auffi petit infecte que l'eft un ci- ron, peut être divifé en mille,, (1) mil- ,, lions de parties dont chacune peut ,, être encore fubdivifée mille mil- ,, lions de fois, & ainfi de toutes les ,, parties du pied du ciron , & cela ,, dans autant de tems que peuvent ,, en donner mille millions d'années ".

On ne comprendra pas plus aifé- ment que dans une goutte de pluie il

_____

(1) Gaffend. *Phyfica, fectio prima, lib. 3us.* Bernier, t. 2.

R 4

y ait affez de particules d'eau pour fe
mêler avec toute l'eau de la mer, &
l'auteur de la logique de Port-Royal
aura bien de la peine à nous faire croire,
malgré toute fon éloquence, » que dans
» un grain de bled, puiffe fe trouver
» un petit monde avec fon foleil, fes
» planetes, & que dans chaque partie
» de ce petit monde il y ait encore un
» autre petit monde proportionné &
» ainfi de fuite à l'infini «. Voilà bien
des infinis inégaux entr'eux.

Il faut que Meffieurs les Carthéfiens
foient bien aguerris au fophifme pour
débiter fi affirmativement de pareils
paradoxes.

Quoique l'homme, malgré tous fes
efforts, ne puiffe parvenir au dernier
terme de la divifion des corps, n'eft-il
pas cependant naturel de croire, qu'a-
près un certain nombre de divifions &
de fubdivifions, les corps devroient
enfin fe réfoudre en élémens indivifibles qui feroient les principes compofans des êtres matériels : cette fuppofition fondée fur l'analogie a donné
lieu à l'atomifme.

L'étymologie du mot *atome* signifie quelque chose d'insécable. Ce n'est pas qu'on prétende que les atomes soient indivisibles, parce qu'ils n'ont pas des parties posées les unes hors des autres, les atomes sont étendus figurés, ils ont des côtés, puisqu'ils se touchent & se lient mutuellement ainsi ; quand on dit que l'atome est un être simple, il faut entendre par cette simplicité un tout par continuité qui se présente sans discontinuation & sans interruption sous la même superficie : telle est l'explication que nous donne Bernier du mot *atome* : ce corpuscule est indivisible, quoiqu'il aie des parties ; mais son tissu est tellement plein, tellement compact, qu'il ne donne aucune prise aux dissolvans. C'est parce que ces atomes sont parfaitement durs & solides, que les corps sont impénétrables. Si les premiers principes des corps étoient mous, on concevroit fort bien pourquoi quelques-uns de ces corps sont mous ; mais on ne rendroit jamais raison de la dureté des autres, au lieu que fi les premiers élémens font durs & folides, on concevra alors facilement ce qui fait la dureté & la molleffe; ces deux dernieres qualités proviennent du plus ou du moins de vuide intercepté dans les corps, & la molleffe n'eft qu'une qualité relative, les corps les plus mous étant auffi réellement impénétrables que les plus durs.

La conftante uniformité des efpeces dans leurs réproductions, fournit auffi un argument démonftratif en faveur du vuide; fi chaque efpece eft fi invariablement déterminée dans fa forme, fes nuances & fa multiplication, les premiers principes font donc fixes & immuables. Si les germes s'accroiffent & fe développent, ce n'eft que par l'affemblage & la contiguité des mêmes parties homogenes. On ne peut donc concevoir l'immutabilité des efpeces qu'en fuppofant que les premiers principes font exempts de toute décompofition ou divifion, c'eft-à-dire, entiérement inaltérables. Les

restaurateurs modernes de la philosophie corpusculaire ont fait valoir cet
argument comme le plus solide qui aie
jamais été employé en faveur de leur
système. Ce système si ancien laissoit
beaucoup de choses à réformer ; on
doit remarquer les différences essen-
tielles qui le caractérisent dans son re-
nouvellement.

L'on trouve dans Plutarque une ex-
position détaillée du système épicu-
rien sur les atomes. Je me sers de la
traduction d'Amiot, *Traité des opi-*
nions des anciens philosophes. ,, Epi-
,, curus, fils de Néocles l'Athénien,
,, suivant l'ancienne opinion de Dé-
,, mocritus, dit que les premiers prin-
,, cipes de toutes choses sont les ato-
,, mes, c'est-à-dire, corps indivisibles
,, & perceptibles par la raison seule,
,, solides sans rien de vuide, non engen-
,, drés, éternels, immortels, incor-
,, ruptibles, qu'on ne sauroit rompre,
,, ni leur donner autre forme ni au-
,, trement les altérer, qui se meuvent
,, en un infini, & par un infini qui est

„ le vuide, & que ces corps font en
„ nombre infini ; & ont ces trois qua-
„ lités, figure, grandeur & poids. De-
„ mocritus en admettoit deux, gran-
„ deur & figure ; Epicurus y ajou-
„ toit le poids : car il eft, difoit-il,
„ force que ces corps-là fe meuvent
„ par la permiffion du poids, car au-
„ trement, ils ne pourroient fe mou-
„ voir, & que les figures de tels corps
„ étoient compréhenfibles & non pas
„ infinies, pour ce qu'ils ne font ni de
„ forme d'hameçons, ni de fourches,
„ ni d'annelets d'autant plus que tel-
„ les figures font fort fragiles.... Ils s'ap-
„ pellent atomes, c'eft-à-dire, indivi-
„ fibles, non parce qu'ils font les plus
„ petits, mais parce qu'on ne peut les
„ méfpartir d'autant qu'ils font impaf-
„ fibles, & qu'ils n'ont rien qui foit
„ vuide, & qu'il y ait des atomes, il
„ eft tout clair, parce qu'il y a des élé-
„ mens éternels des corps vuides, &
„ l'unité ".

On voit par cet expofé, ce qui étoit
défectueux dans l'ancien fyftême. Gaf-

fendi détruit d'abord la fuppofition
d'une infinité numérique des atomes
dans le vuide. La maffe de ces corpufcules n'égale point l'étendue du vuide,
puifqu'ils y nagent librement.

Notre philofophe redreffe ici deux
erreurs capitales d'Epicure, qui avoient
entraîné cet ancien dans des abfurdi-
tés. La premiere erreur eft cette pré-
tendue déclinaifon des atomes que leur
pondération naturelle, fuivant Epicure, faifoit defcendre d'un mouvement irrégulier dans le vuide. M. le
Cardinal de Polignac réfute cette opinion avec fon éloquence ordinaire.

„ Vous foutenez que les atomes ne
„ doivent qu'à leur pefanteur, le mou-
„ vement qui les fait traverfer l'em-
„ pire immenfe du vuide; vous avouez
„ en même-tems que les corps fuivent
„ des lignes perpendiculaires, à moins
„ que les autres corps placés au def-
„ fous, ne les en détournent : toute-
„ fois qui le croïroit? oubliant vos pro-
„ pres principes, vous donnez une
„ pente à des atomes dont la chûte eft

,, ſpontanée. Où tendent ces troupes
,, confuſes de corpuſcules? d'où naît cet-
,, te différence dans leur direction? Eſt-
,, ce l'effet de leur choix? eſt-ce le vui-
,, de? eſt-ce un vent qui les détourne? Si
,, vous faites décrire à quelques-uns
,, d'entre-eux une perpendiculaire, ils
,, doivent tous prendre la même route.
,, Si vous en détournez quelques-uns,
,, il faut les détourner tous, puiſque,
,, ſelon vous, chaque atome peut dif-
,, féremment ſuivre l'une ou l'autre
,, direction : vous avouez qu'aucune ne
,, lui eſt naturelle. Regarder l'une com-
,, me eſſentielle, c'eſt une erreur ; ſou-
,, tenir qu'elles le ſont toutes les deux,
,, c'eſt une abſurdité ".

Gaſſendi déplore à cette occaſion,
l'aveuglement d'Epicure & des autres
philoſophes qui ont méconnu la main
toute-puiſſante de la divinité dans les
différentes parties de l'univers où bril-
lent avec tant d'éclat, l'ordre, l'enſemble, la variété & la magnificence. Il
fait ſentir, avec autant de force que
d'éloquence, que la régularité des corps

céleſtes, les viciſſitudes réglées des ſai-
ſons, la ſtructure admirable des êtres
organiſés, ne forment qu'un cri général qui retentit d'un bout du monde à
l'autre en faveur de l'exiſtence de la
divinité

Après ces préliminaires indiſpen-
ſables, notre philoſophe admet les atomes avec les qualités que leur attribuoient Démocrite & Épicure. Il les
regarde comme des corpuſcules ſubti-
ils très- déliés, imperceptibles & in-
tactiles, parce que leur extrême peti-
teſſe les dérobe à nos ſens. Lactance,
en combattant autrefois Épicure,
croyoit qu'il étoit abſurde de ſuppoſer
des atomes, parce qu'on ne pouvoit les
voir ni les toucher ; il auroit ſans doute
changé de ſentiment, ſi Leuvenoëk,
qui eſt venu long-tems après, eût pu
lui faire voir au bout de ſon microf-
cope dans une goutte d'eau, des ani-
malcules cent mille fois plus petits
qu'un grain de millet. Cependant ces
animaux ſi prodigieuſement petits ſont
pourvus d'organes, ils ont des membres

des vifceres pour vivre, fe mouvoir,
des parties pour engendrer.

Gaffendi reconnoît encore, avec
Epicure (1), que les atomes fon diver-
fément configurés, ronds, quarrés,
anguleux, oblongs & cubiques, &c.
Ils font effentiellement indivifibles,
non qu'ils foient privés d'étendue,
puifqu'ils fe joignent enfemble ; ils
ne font pas non plus les plus petites parties qui reftent après les derniers termes
de la divifion, puifque ces atomes
ont encore des parties ; mais leur in-
divifibilité provient de leur conftitu-
tion primordiale, qui les rend pleins,
folides, durs ; ainfi, comme ils n'ont
point de pores, leur tiffu n'eft point
fufceptible de l'introduction d'aucun
corps étranger, & conféquemment
ils font infécables ; d'ailleurs, s'ils n'é-
toient pas originairement pleins, fer-
rés & compactes, on ne pourroit
point rendre raifon de l'impénétrabilité, de la matiere en général & de la
molleffe

(1) *Phyf. fectio* 1a. *lib.* 3us.

molesse ou de la dureté de certains corps en particulier; donc, &c. &c.

Ce n'est ni du choc irrégulier, ni de la combinaison fortuite de ces corpuscules que les êtres ont été formés. Le hasard est aveugle, & ne produit rien que d'informe, de bizarre & de mal assorti, ou plutôt, le hasard n'est rien; les atomes inégaux entr'eux, ont un mouvement régulier, constant & capable de produire les effets les mieux ordonnés, parce qu'ils sont dirigés par une main toute-puissante. Il ne faut plus se mettre en peine après cela de quelle maniere ils se meuvent dans l'espace, si leur cours est rectiligne, curviligne, circulaire, éliptique. Reposons-nous en sur leur souverain moteur.

Les atomes sont immortels, puisqu'ils sont insécables de leur nature, & que Dieu lui-même ne sauroit diviser ce qu'il a fait pour être *un tout* par continuité. On peut se former une idée des atomes par l'amas de ces molécules déliées qu'on voit voltiger

S

dans une chambre, à la faveur d'un rayon du soleil ; comme c'est l'union réciproque de ces corpuscules, qui a fait éclorre toutes choses, leur séparation cause la ruine de tout : ils conservent toujours la premiere activité qui leur a été imprimée dès le commencement. Plus ces atomes font libres & dégagés entr'eux, plus cette activité se fait sentir, comme dans les fluides ; plus au contraire ils font liés & privés d'interstices, & moins leur mouvement est sensible, comme dans la matiere brute ; cependant, selon les Gassendistes, l'inertie de cette matiere brute n'est qu'apparente ; cela nous paroît mal-aisé à concevoir, parce que son mouvement interne échappe à nos regards ; nous pouvons cependant nous en former une idée par l'image du plomb, qui nous paroît dans un repos parfait, lorsqu'il est en fusion, quoique les parties soient alors dans une rapide agitation par l'activité du feu qui pénetre les vuides que ces parties ont entr'elles.

C'eft là une raifon qui nous fait concevoir pourquoi rien n'eft durable dans ce bas monde. Le tems, dit-on communément, ronge les corps les plus folides, comme l'airain, les métaux & les marbres les plus durs : qu'entend-on par-là ? Que les atomes qui compofent tous ces corps, confervant toujours leur mobilité inhérente, tendent fans ceffe à s'affranchir des liens qui les tiennent captifs, par conféquent tous les êtres matériels fouffrent une déperdition continuelle de leurs parties qui fe féparent par le frottement, & viennent enfin à fe détruire par les côtés où le mouvement le plus vif occafionne le plus grand frottement.

CHAPITRE VI.

Systême particulier de Gassendi sur l'ame du monde.

LE systême d'un monde animé a été embrassé par la partie la plus nombreuse & la plus éclairée des anciens philosophes. Ce systême suppose une ame universelle, infuse dans la masse générale des êtres, dont les ames particulieres ne font que des portions & des écoulemens qui vont enfin se réunir à leur tout, par voie de réfusion. Telle étoit la doctrine de Platon, Pythagore, Aristote, Anaxagore, Hippocrate, Thalès, Zénon, les Stoïciens, &c. La théologie monstrueuse de Spinofa, n'est qu'un centon raisonné de ces anciennes opinions auxquelles il a ajouté celles de Strabon, de Lampsaque & quelques autres qui lui sont particulieres : il est

parvenu, à force d'argumens & de
subtilités, de faire de son système un
chaos très-difficile à débrouiller.

Képler, quoique très-éloigné du
Spinosisme, qui d'ailleurs lui est posté-
rieur, incline cependant à croire que
le monde est animé, puisqu'il dit » qu'à
» l'apparition des cometes, la terre en
» a une si grande frayeur, qu'elle sue à
» grosses gouttes, & de-là les innonda-
„ tions, les pluies, &c ". Bayle, en rap-
portant ce passage de Képler, ajoute
» que nous ne sommes pas plus ca-
» pables de discerner si le monde pen-
» se ou raisonne, qu'un pou est en
» état de juger si l'homme sur lequel
» il se trouve a du jugement ou non. "
Il ne faut cependant pas accuser Bayle
d'avoir voulu favoriser le sentiment
de Spinosa, qu'il réfute au contraire
si solidement, comme on peut le
voir dans cet article de son dictionnaire.

Robert Flud avoit été l'avant-coureur de Spinosa dans le système de
l'ame du monde, on a vu dans l'*Abré-*

gé *de la Vie de Gassendi* , qu'il avoit
combattu avec beaucoup de succès
ce dogme dont il avoit dévoilé les
difficultés , les contradictions & les
dangers. Ils admettent cependant une
ame particuliere qui sembloit gouver-
ner les ressorts de l'univers ; mais il ne
proposoit cette opinion que comme
une hypothese , & il ne donnoit cette
ame que comme une puissance em-
ployée par l'être suprême , & qu'on entendoit communément sous le nom de
Loix générales , & de *causes secondes.*

Cette ame du monde excite à chaque instant notre admiration dans toutes les productions de la nature en
grand comme en petit ; elle nous rap-
pelle sans cesse la grandeur de celui
dont elle est comme l'instrument.

On peut se représenter la divinité
produisant toutes choses d'un seul
mot , selon le langage sublime de l'E-
criture : *il dit , & tout a été fait.* Les
atomes vagues & flottans dans les ré-
gions immenses du vuide se rassem-
blent à sa parole féconde , cette pépi-

niere d'êtres, cette graine de mondes,
si l'on peut parler de la sorte, dans ses
différentes circonvolutions, fait éclorre
tout ce qui existe : les atomes s'élevent
ou tombent suivant leur légéreté ou
leur poids. Les plus subtils s'envolent
au plus haut degré ; les autres moins
légers, mais très-subtils, s'arrêtent dans
une région inférieure, où ils se joignent & s'arrondissent en soleils, d'autres corpuscules inférieurs aux premiers
se distribuent dans la moyenne région
en différentes couches, plus ou moins
épaisses, qui forment une atmosphere :
enfin, la partie la plus grossiere & la
plus crasse des élémens, se précipite
& s'affaisse au lieu le plus bas ; & par
leur consistance & leur condensation,
ces parties produisent des planetes.

Ces mêmes causes séminales qui ont
produit cet univers, continuent à y
répandre la fécondité & la vie : elles
opérent tout ce que l'on remarque
dans la nature.

Gassendi pensoit qu'il y avoit une

force particuliere répandue dans la
nature, qui en lioit & vivifioit toutes
les parties, & il la regardoit comme un
feu fubtil, dont l'effet étoit de produire
fans ceffe; mais, en même tems, comme
un agent fubordonné à l'Etre fuprême,
qui s'en fervoit comme d'un inftrument propre à exécuter fes loix.

„ Je penfois, difoit Gaffendi, qu'il
„ n'étoit pas contraire à la révéla-
„ tion, en ce que cette ame ne feroit
„ cenfée être autre chofe qu'une cer-
„ taine force dépendante de Dieu,
„ & être une ame à fa maniere; c'eft-
„ à-dire, d'une efpece particuliere,
„ différente de la fenfitive & de la
„ raifonnable. “

„ Je rapporte ce paffage, afin que
„ lorfqu'on le lira, & qu'on verra en-
„ fuite en divers endroits de cet ou-
„ vrage que M. Gaffendi a beau-
„ coup de pente à croire que la terre,
„ la lune, le foleil & tous les autres
„ globes qui compofent la machine
„ du monde, ont chacun leur ame à
„ leur maniere, à peu près dans le
„ même

„ même sens d'Aristote , d'Hippo-
„ crate , &c. ; mais qu'il n'y a pres-
„ que rien en particulier , qui ne soit
„ animé , comme les pierres précieu-
„ l'aimant , les plantes , les semen-
„ ces , & que par le moyen de cette
„ ame , toutes ces choses sçavent ce
„ qui leur est propre , & qui est fait
„ pour leur conservation ou leur des-
„ truction..... Bernier , *Abrégé de la*
„ *Philosophie de Gassendi* , tome I,
„ pag. 117 ".

C'étoit ainsi que Gassendi tâchoit
d'expliquer les phénomenes de la nature , autant qu'il est permis à un
foible mortel d'entrevoir ses ressorts ;
il étoit bien éloigné de prendre le
ton de la confiance , & de vouloir
s'élever au dessus des autres philosophes du côté de la science ; mais
enfin , il a épuré la philosophie d'E-
picure ; & c'est la plus belle fleur de
sa couronne. Il n'est point d'esprit
sage qui en voyant les salutaires cor-
rectifs qu'il a faits à cette philosophie,
n'eût pu dire aux anciens Epicuriens :

» Remettez les rênes de l'univers entre
» les mains d'un Dieu, principe ſouve-
» rain de l'ordre phyſique & moral, &
» votre ſyſtême deviendra le plus ſim-
» ple, le plus plauſible de tous.

F I N.

TABLE.

Fin de la Table.